GOLDMANN
ARKANA

W0293153

Buch

Schon immer haben Menschen Krisen erlebt und überlebt. Also, nichts Neues unter der Sonne. Oder doch? Der Autor weiß aus seiner Praxis, dass es einen großen Unterschied macht, ob wir in einem Klima allgemeinen Aufschwungs und Optimismus mit persönlichen Krisen umgehen oder in einer Zeit, die von allgemeiner Verunsicherung oder von Angst um den Arbeitsplatz und die Altersvorsorge geprägt ist. In einer Zeit allgemeiner Verunsicherung ist die Wahrscheinlichkeit viel größer, in einen Teufelskreis aus negativen Erwartungen, Ängsten, Stress und den daraus resultierenden negativen Resultaten zu geraten.

Der erfahrene NLP- und systemische Therapeut Ulsamer zeigt in »Empowerment« eine Reihe konkreter Techniken, um uns zu »ermächtigen«, die Krise als Chance zu nutzen. Der Autor berichtet von Spitzensportlern, die äußerer Druck zu Höchstleistungen befähigt. Er zeigt, wie wir den inneren Schweinehund als Freund gewinnen und im Sumpf der Krise wieder festen Boden unter die Füße bekommen. Er macht uns mit Techniken vertraut, uns der Angst zu stellen und diese zu überwinden, statt in Erstarrung zu verfallen. Einfache Atem- und Selbsthypnose-Tipps runden das Selbsthilfespektrum ab. Ein eminent aktuelles Buch für alle, die konstruktive Wege aus der Krise suchen, statt darin unterzugehen.

Autor

Dr. Bertold Ulsamer ist promovierter Jurist und Diplompsychologe. Er arbeitete zunächst als Psychotherapeut, spezialisierte sich dann auf NLP und war dann fünfzehn Jahre als Managementtrainer tätig. Danach widmete er sich sieben Jahre der Aufstellungsarbeit und führte national und international Weiterbildungen dazu durch. Heute hat er sich auf das Coaching im Topmanagement spezialisiert. Er ist Autor von Büchern zu den Themen Kommunikation, Selbstmanagement und Aufstellungsarbeit.

Von Bertold Ulsamer sind im Goldmann Verlag außerdem erschienen:

Ohne Wurzeln keine Flügel (14166)
Das Handwerk des Familien-Stellens (14197)
Spielregeln für Paare (21636)

Bertold Ulsamer

Empowerment in Zeiten der Krise

An Schwierigkeiten wachsen,
statt darin unterzugehen

GOLDMANN
ARKANA

Umwelthinweis:
Alle bedruckten Materialien dieses Taschenbuches
sind chlorfrei und umweltschonend.
Das Papier enthält Recycling-Anteile.

Originalausgabe November 2004
© 2003 Wilhelm Goldmann Verlag, München
in der Verlagsgruppe Random House GmbH
Umschlaggestaltung: Design Team München
Umschlagmotiv: Zefa/Masterfile
Satz Uhl + Massopust Aalen
Druck: GGP Media GmbH, Pößneck
Verlagsnummer: 21698
Redaktion: Ralf Lay
WL · Herstellung: CZ
Made in Germany
ISBN 3-442-21698-2
www.goldmann-verlag.de

1. Auflage

Inhalt

Einführung: Persönliche Krisen und dieses Buch ... 9
Lernen Sie Johannes, Michael und Nicole in ihrer Krise kennen ... 10
Empowerment – wenn keine Power da ist? ... 13
Inhalt und Themen dieses Buches ... 15
Wie Sie dieses Buch nutzen können ... 19

I. Eine Krise ist eine Krise ist eine Krise ... 23
Krisen gehören zum menschlichen Leben ... 23
Phasen der Krise ... 25

II. Die Grundlage, um Krisen zu bewältigen ... 29
Spitzensportler und die »positive Energie« ... 30
Je besser unser Zustand, desto leichter wird erfolgreiches Handeln! ... 34
Was uns durch den Kopf geht, bestimmt unseren Zustand ... 37
Ziele in der Krise ... 43
Körperliche und mentale Fitness lösen geistige Erstarrung ... 47
Methoden, um eigene Kräfte zu wecken ... 48
Die Kraft direkt in die Krise installieren ... 56
Aus dem Abstand heraus Lösungen finden ... 61

III. Dem Sumpf der Hilflosigkeit entkommen 67
Wie Passivität erlernt wird 68
In Krisen: Optimisten handeln, Pessimisten geben auf 72
Pessimisten, Optimisten und die leidige Realität 80
Wann wir uns mit positivem Denken in die eigene Tasche lügen 85
Das ABC des neuen Denkens 89

IV. Der Kopf ist rund, damit das Denken seine Richtung ändern kann 99
Die Kontrolle über unser Denken und Handeln zurückgewinnen 100
Der erste Schritt ist der wichtigste 104
In jedem Krisenopfer versteckt sich ein Handelnder 109
Die versteckten Vorteile der Dauerkrise 116
Noch mehr Krisenbewältigungsfragen 118
Passivität und Gottvertrauen 120
Einzelkämpfer gehen verloren 122

V. Es gibt Teile in mir, die haben sich noch nicht das Du angeboten! 127
Ordnung ins Chaos der Gefühle bringen 128
Der Mensch – Gummiball oder Münze? 130
Wer bin ich, und wenn ja, wie viele? 135
Mit den Widersprüchen leben 140

VI. Die Katastrophe als Kraftquelle 147
Die Rosskur 147
Nicoles Krise 149
Katastrophe Trennung 153
Krankheit und Tod 156
Nie mehr eine Arbeit finden? 159

VII. Im Bauch der Krise 165
In den Abgrund steigen 165
Hypnotisieren wir uns selbst in die Krise? 168
Frühe Schocks und ihre Folgen 173
Die Krisen der Eltern und was sie mit
den Kindern machen 181
Wer davon kommt, fühlt sich schuldig 184
Die persönliche Krise als Teil der allgemeinen 186

VIII. Die Krise als Übung in Lebenskunst 191
Die Kraft der Dankbarkeit 192
Wo ist die Krise im Hier und Jetzt? 197
Das Kennwort zum eigenen Inneren 206
An Krisen wachsen statt darin unterzugehen 212
Was ich Ihnen zum Abschied wünsche 214

Dank 216
Literaturverzeichnis 217

Einführung: Persönliche Krisen und dieses Buch

Schon immer haben Menschen Krisen erlebt und überstanden, und man stellt sich oft die Frage, ob es heute schwieriger oder leichter ist als früher, sie zu bewältigen. Zu all den persönlichen Engpässen kommt nämlich stets ein Klima der Krise hinzu; es macht einen großen Unterschied, ob man in einer Zeit des Optimismus lebt, in welcher der einzige Gedanke ist: »Es geht voran«, oder ob man umgeben wird von Mitmenschen, die Angst haben um ihren Arbeitsplatz, um ihre Altersvorsorge, um die Möglichkeiten ihrer Kinder.

Ein grundlegender Pessimismus scheint sich in unserer Zeit breit zu machen. Man lese die Nachrichten in der Zeitung oder schaue sie sich im Fernsehen an. Die Krise wird wie selbstverständlich zum Dauer- und Allgemeinzustand. Das erschwert es, die jeweiligen persönlichen Schwierigkeiten zu bewältigen, denn sie werden hartnäckig durch das Umfeld genährt.

In solchen Phasen sind wir anfälliger für Krisenstimmungen. Ein Teufelskreis wird in Gang gesetzt: Ängste und negative Gedanken erzeugen Stress, der Stress verschlechtert unsere Leistungsfähigkeit wie auch unsere Beziehungen. So schrauben wir uns immer mehr in die Voraussetzungen einer tatsächlichen Krise hinein.

Wer einen Todesfall in seiner Familie hat, wer eine Trennung durchlebt, ist auch heute des Mitgefühls der anderen für seinen Schmerz sicher. Und in der Not tröstet es am meisten, sich nicht allein, sondern verstanden und aufgehoben zu fühlen. Wer allerdings seinen Arbeitsplatz verliert – etwas, was zunehmend häufiger geschieht –, wird eher als jemand betrachtet, der auch aus eigener Unfähigkeit heraus gescheitert ist. Je mehr sich die Betroffenen »diesen Schuh anziehen«, desto mehr zusätzliche Bürden laden sie sich auf die Schultern.

Glücklicherweise wachsen parallel zu den Erschwernissen auch die Ressourcen. Die moderne Psychologie entwickelt immer mehr Instrumente, die es uns erlauben, Krisen aktiv anzugehen und bewusster zu verarbeiten. Oft bestätigen aber auch neue Erkenntnisse alte Einsichten, die schon vor Jahrtausenden formuliert wurden.

Lernen Sie Johannes, Michael und Nicole in ihrer Krise kennen

Sie, liebe Leserin, lieber Leser, werden im Laufe der folgenden Kapitel immer wieder Johannes, Michael und Nicole begegnen. Die drei erleben typische Beispiele von privaten und beruflichen Krisen.

Sicher kommt Ihnen das eine oder andere bekannt vor. Auch wenn die Situation, die Sie selbst durchleben oder durchlebt haben, anders ist, sind viele Antworten und Anregungen, leicht abgewandelt, auch auf Ihre eigene Situation übertragbar. Krisen und ihre Bewältigung ähneln sich. – Doch jetzt zu unseren dreien, die gerade in der Klemme stecken.

Johannes ist frisch geschieden. Mit 22 hatte er seine Jugendfreundin Susanne geheiratet. Beide wurden drei Jahre später Eltern von Benedikt, der inzwischen zehn ist. Als Benedikt auf die Welt kam, war Johannes ein so stolzer Vater!

Natürlich gab es mit Susanne zwischendurch Spannungen und Auseinandersetzungen. Das gehört dazu, hatte er gedacht. Aber irgendwie lebten sich Johannes und Susanne auseinander. Er fing eine Außenbeziehung an, dann zog sie nach. Vor einem Jahr verließ sie dann die Wohnung, nahm Benedikt mit und reichte die Scheidung ein. Am Schluss hatte Johannes noch einmal alles versucht, um die Beziehung zu kitten. Sogar eine Paartherapie hatte er vorgeschlagen. Aber dafür war es wohl zu spät gewesen.

Johannes quält sich oft mit der Vorstellung, er sei der »Schuldige« an der Scheidung. In solchen Momenten überhäuft er sich innerlich mit Vorwürfen. Die Gedanken an alles, was er je falsch gemacht haben könnte, drücken ihn zu Boden. Irgendwann kippt dann seine Stimmung, und dann sieht er alle Fehler Susannes und gibt ihr die ganze Schuld. Sie war einfach nicht die Richtige!

Aber eigentlich hilft auch das nicht wirklich. Johannes verkraftet die Trennung einfach nicht. Jeden Abend setzt er sich vor den Fernseher bis zum Einschlafen. Vorher holt er sich eine Flasche Wein aus dem Keller. Die ist leer, bevor er ins Bett geht. Neulich hat er schon gleich zwei Flaschen für den Fernsehabend mitgenommen. Sicher ist sicher! Irgendwie muss der Mensch ja entspannen …

Dann ist da Nicole. Seit fünf Jahren betreut sie in einer kleinen Promotion-Agentur Werbekunden. Mit ihren 29 Jahren ist sie inzwischen altgedient und unentbehrlich. Sie liebt ihren Job, und ihre Arbeit begeistert sie nach wie vor. Doch in den letzten Monaten hat sich die Situation geändert. Die Umsätze gehen zurück. Zwei ihrer Kolleginnen mussten vor kurzem entlassen werden.

Nicole weiß, wie gut sie arbeitet und wie wichtig ihre Kontakte für die Agentur sind. Eigentlich müsste sie sich sicher fühlen – aber trotzdem bemerkt sie eine steigende Nervosität und Unruhe in ihrem Inneren. Durchlebt sie eine Krise? Wenn man sie nach ihrer Situation befragt, meint sie: »Ich habe bisher wirklich Glück gehabt.« Trotzdem leidet sie und geht dabei langsam vor die Hunde.

In ihrer Freizeit lenkt sie sich nach Kräften ab, indem sie sich jeden neuen Film im Kino ansieht. Die restlichen Stunden verfolgt sie alle Soaps, die sie in ihren Fernsehkanälen finden kann. Die dort haben auch Probleme, oft schlimmer als meine, findet sie beruhigt. Aber dann, später, nachts, wacht sie immer wieder auf und kann nicht mehr einschlafen…

Schließlich haben wir noch Michael. Seine bisherige Firma, ein Bauunternehmen, hat Konkurs angemeldet. Insgeheim hatte er schon die drohende Gefahr geahnt, aber sie einfach »weggesteckt«. Nun findet er sich mit seinen 48 Jahren plötzlich »auf der Straße« wieder. Er hat sich sofort beim Arbeitsamt gemeldet und inzwischen schon drei Vorschläge erhalten. Aber die Firmen wollten ihn nicht. Und seine Bewerbungsunterlagen auf Anzeigen kommen auch regelmäßig zurück.

Wenn Michael an seine Entlassung denkt, durchzuckt ihn der Gedanke »Ich bin ein Versager!«. Wie viele seiner Kollegen hat er früher auf Arbeitslose etwas herabgeschaut. »Die sind selber schuld. Wenn sie nur wollten, hätten sie auch eine Stelle.« Jetzt ist er plötzlich in der gleichen

Situation, und seine früheren Urteile holen ihn hinterrücks ein.

Manchmal fühlt Michael sich auch als Opfer. Dann wird er abgrundtief böse auf diejenigen, die Schuld haben. Gehässig schimpft er auf seine Vorgesetzten, den Chef, die ausländischen Konkurrenzfirmen und die unfähigen Politiker.

Zwar steht ihm seine Frau Irene zur Seite und ist voller Mitgefühl. Aber das macht es fast noch schlimmer. Mir kann doch keiner helfen, denkt Michael. Am meisten Zeit verbringt er damit, zu grübeln. Deprimiert sitzt er auf seinem Sessel im Wohnzimmer und schaut zum Fenster hinaus. Dafür hat er jetzt plötzlich den ganzen Tag zur Verfügung …

Empowerment – wenn keine Power da ist?

Empowerment ist unentbehrlich, um an Krisen zu wachsen, statt darin unterzugehen. Heute mehr denn je! Aber was ist mit Empowerment genau gemeint?

Empowerment ist ein englischer Begriff, für den es keine adäquate deutsche Übersetzung gibt. Es geht darum, zur eigenen »Power« zu finden. In vielen Köpfen existiert jedoch ein Bild von Power, das einen potenziell aggressiven Muskelprotz (oder auch eine »Muskelprotzin«) zeigt. Als extremer Ausdruck dieses Typs könnte Arnold Schwarzenegger als Terminator stehen. Oder man stelle sich einen Gorilla vor, der mit beiden Fäusten an den Brustkorb trommelt.

Diese Art von Power oder Stärke meine ich im Zusammenhang mit Empowerment natürlich nicht! Ich halte wenig von einem übersteigerten Selbstwertgefühl, hinter dem die Angst lauert, zu versagen oder nicht akzeptiert zu werden. Siegen müssen, um nicht zu den Verlierern zu gehören!

Ein passenderes Bild ist das von einem alten Meister östlicher Kampfkunst. Da steht ein kleines, unscheinbares Männlein, das aber in einem Kampf eine unerwartet große Kraft entfaltet. Warum? Weil es entspannt ist und in seiner Mitte ruht. Das sind die enormen Kraftquellen. Und – nicht zu vergessen! – um dahin zu kommen, hat er viele Jahre gebraucht.

Natürlich können wir uns als Anfänger nicht gleich mit einem derartigen Meister vergleichen, der durch ständige Übung zu einer solchen Vollendung gekommen ist. Wir müssen es auch nicht zur Meisterschaft bringen, um in Krisen bestehen zu können. Aber die Richtung, in der wir Kraft finden können, ist damit aufgezeigt. Es geht nicht um Muskelstärke, um ein künstliches Aufblähen oder um die Kraft, die entsteht, wenn wir die Zähne zusammenbeißen.

Es geht um die eigene Kraft im Bauch, eine Kraft, die jeder Mann und jede Frau besitzt. Wenn jemand sie fühlt, fängt er an, ihr zu vertrauen. Mit dieser Kraft handelt er dann, und damit besitzt er eine persönliche Stärke – jenseits von Konkurrenz und Macht.

Wie kommen wir zu dieser Kraft? Da ist vieles wichtig, was wir tun können. Wir erhalten Power, indem wir uns kennen lernen und entdecken, wie unser Verstand arbeitet. Indem wir unsere Gefühle spüren und annehmen. Indem wir unsere innere Stimme finden, die uns sagt, was für uns persönlich richtig ist. Indem wir auf diese Stimme hören und ihr folgen. Indem wir durch Krisen gehen und sie bewältigen.

Oder indem wir absolut für unser Wohlergehen sorgen, so wie es die amerikanische Autorin Cheryl Richardson ausdrückt: »Sagen Sie so lange Nein, bis Sie ein ganzes Ja sagen können. Entscheiden Sie sich dafür, Ihre Zeit und Energie auf das zu verwenden, was Ihnen Freude macht. Treffen Sie Ihre Entscheidungen auf der Grundlage dessen, was *Sie* wollen, und nicht, was die anderen wollen.«[1]

Durch all das entdecken wir unsere Kraft, und das Vertrauen in uns selbst wächst. Natürlich wird auch mit dieser inneren Power das Leben nicht zur reinen Vergnügungsfahrt oder Erfolgstour. Aber wir halten dem Schlimmen, das auf uns zukommt, besser stand. Vielleicht brauchen wir sogar all die Hindernisse und Rückschläge, die das Leben bereithält, um diese Kraft vollständig entwickeln zu können.

Inhalt und Themen dieses Buches

Was sind die Ursachen und Mechanismen, die Menschen in eine Krise bringen? Wie verläuft sie? Welche Einsichten und Schritte helfen, wieder herauszukommen? Das sind die Kernfragen, die diesem Buch zugrunde liegen. Dabei wird jeder auf unterschiedliche Weise durch seine Schwierigkeiten belastet und gefordert. Von außen sieht das oft anders aus, als es von innen erlebt wird.

Was ist nur los mit ihm?, denken sich die Freunde von Johannes. Langsam müsste er doch wieder aus seinem Mauseloch hervorkommen.

Oder hören wir uns einen Wortwechsel von Michael und

[1] Richardson, S. 41.

seiner Frau an, als sie ihn einmal aufmuntern will: »Komm, Michael, machen wir doch mal etwas Schönes zusammen!« – »Keine Lust.« – »Aber soll das denn ewig so weitergehen?« – »Du hast gut reden!«

Nicole weigert sich sogar, an eine Krise zu denken oder davon zu sprechen. »Mir geht es doch gut«, betont sie, und dabei spannen sich ihre Lippen an. »Ich lasse mir mein Leben doch nicht versauern!«

Außenstehenden scheinen die Reaktionen dem auslösenden Ereignis nicht mehr angemessen. Sie wirken übertrieben oder fehl am Platz. Manchmal verschlimmern die Verhaltensweisen sogar die Gefahr, vor der man Angst hat. Wenn Nicole ihren Schwung verliert, wird sie am Arbeitsplatz schlechter, und damit wächst die Bedrohung einer Entlassung. Auch Michael und Johannes müssten allmählich wieder auf die Beine kommen! Sie waren früher doch beide optimistisch und bei weitem nicht so niedergeschlagen und verbittert wie heute.

Wir schauen in verschiedene Richtungen. Zunächst geht es im ersten Kapitel darum, aufzuzeigen, wie die meisten Krisen ablaufen. Diesen Abschnitt empfehle ich allen zum Einstieg. Aber danach können Sie sich gern im Inhaltsverzeichnis orientieren und sich nach Ihren eigenen Schwerpunkten zuerst das anschauen, was Sie vorrangig interessiert.

In den nächsten Kapiteln geht es vor allem um unseren Kopf, das »Mentale«. Unsere Gedanken, die inneren Bilder und Stimmen, üben einen entscheidenden Einfluss darauf aus, ob wir stärker oder schwächer werden.

In den letzten dreißig Jahren haben Psychologen vermehrt angefangen, diesen Bereich zu erforschen. Was vorher unbewusst und automatisch ablief, wurde plötzlich greifbar. Gleichzeitig zeigte es sich, wie man solche Gedanken verändern kann. Manchmal sieht es fast so aus, als ob für jeden damit das Wunder möglich wäre, das Münchhausen vollbracht hat, als er sich am eigenen Schopf aus dem Sumpf zog. Wobei es klar ist, dass sich lebenslang eingefleischte Gewohnheiten nicht über Nacht und nicht ohne dauerndes Üben verändern lassen!

Im Bereich des Mentalen stütze ich mich auf Erkenntnisse aus drei Gebieten:

- Das erste ist das mentale Training von Spitzensportlern. Spitzensportler müssen immer wieder ihre beste Leistung zu Zeiten des Wettkampfs bringen. Außerdem wird diese Leistung gemessen und damit vergleichbar. Man kann also direkt und unmittelbar die Auswirkungen von Gedanken, Stimmungen und inneren Zuständen ablesen.
- Bahnbrechend für Menschen, die in einer Krise stehen, sind die Ergebnisse, zu denen Professor Martin Seligman, ein amerikanischer Forscher, gekommen ist. Er hat untersucht, wie es kommt, dass jemand passiv bleibt, anstatt durch aktives Handeln seine Situation zu verändern. Diese Passivität ist erlernt und kann wieder »entlernt« werden.
- Schließlich fließen auch Einsichten und Übungen aus dem NLP, dem neurolinguistischen Programmieren, ein. Neben der Verbesserung der Kommunikation ist ein Schwerpunkt des NLP, wie sich die eigenen Kräfte aktivieren lassen und wie sie dann in einer Situation der Schwäche oder Blockade eingesetzt werden können. Hier gibt es viele neuartige und intelligente methodische Ansätze.

Unabhängig von der mentalen Seite hat das Handeln als solches Kraft und bringt Veränderung. Wie kommen wir in der Krise wieder dazu, handlungsfähig zu werden? Das ist der nächste Schritt.

Bei aller Kraft und Macht des Mentalen scheitern Menschen immer wieder darin, sich mit ihren mentalen Fähigkeiten in gute Zustände zu bringen. Es ist eben nicht einfach alles möglich, wenn ich nur wirklich will und »das Richtige« zu denken versuche! Dieser Wunsch und diese Hoffnung sind offenbar illusionär. Denn die Gefühle spielen eine weitaus größere Rolle, als nur das logische Ergebnis unserer Gedanken zu sein.

Frühere schlimme Ereignisse wie Unfälle und Verletzungen als Kinder können später in einer Krise wieder wach werden und ihren Verlauf ungünstig beeinflussen. Auch familiäre Muster können Krisen verstärken. Deswegen ist es wichtig, diese Richtungen nicht zu vergessen.

Schließlich deuten Krisen auf Wesentliches in unserem Dasein hin. Wer bisher eher mit Scheuklappen durch die Welt gelaufen ist, kann durch die Erschütterung wacher werden: Was können wir durch Überraschungen und Enttäuschungen für unser Leben lernen? Aus Einsichten, die oft schon viele Jahrhunderte alt sind, lassen sich auch heute Kraft und Mut schöpfen.

Wie Sie dieses Buch nutzen können

Dies ist ein Buch für die Praxis. Es richtet sich an Leser und Leserinnen, die in einer Krise stecken oder sich auf eine mögliche schwierige Lage vorbereiten wollen. (Wenn die Krise dann wirklich eintritt, sollten Sie es noch einmal lesen!) Zu diesem Zweck stellt es Ihnen direkte Fragen und lädt Sie ein, sich bei der Beantwortung mehr Klarheit über Ihre Situation zu verschaffen und eventuelle Perspektiven zu entdecken. Dazu im Kasten »Anregungen« gleich ein erstes Beispiel. Ich freue mich, wenn Sie sich *anregen* lassen! Wenn Sie den Prozentsatz ansehen, den Sie Büchern verdanken, haben Sie eine realistische Einschätzung davon, wie viel Ihnen das Buch geben kann. Manchmal brauchen wir Unterstützung von außen, um aus einem Schlamassel herauszukommen. Das kann ein guter Freund, eine gute Freundin sein, ein Berater, ein Coach, ein Therapeut – oder eben ein Buch zum richtigen Zeitpunkt.

Anregungen

Wenn Sie Ihre bisherige Entwicklung anschauen: Zu wie viel Prozent (grobe Schätzung!) – über die Erziehung durch Ihre Eltern hinaus – haben Sie Anregungen bekommen?

Von Lehrern und Autoritäten	_____ Prozent
Von Freunden	_____ Prozent
Von Büchern	_____ Prozent
Vom Partner/von der Partnerin	_____ Prozent
Sonstige	_____ Prozent

Eine meiner persönlichen Eigenheiten ist, dass ich einen Widerwillen dagegen habe, belehrt oder erzogen zu werden. Das geschieht auch dann, wenn ein Autor mir in seinem Buch erzählt, was ich alles verpasse, falls ich seinen guten Ratschlägen *nicht* folge. Und mir dann noch verspricht, dass sich mein Leben total verändern wird, sobald ich dieses Buch gründlich durcharbeite. Da werde ich sehr skeptisch ...

Weil ich weiß, wie allergisch ich selbst auf derartige Versprechungen oder auch bloß gut gemeinte Ratschläge reagiere, bemühe ich mich, sie hier möglichst zu vermeiden. Mir ist zwar auch klar, dass bisweilen der berühmte »Tritt in den Hintern« den endgültigen Schub für eine wichtige Veränderung geben kann. Aber der sollte besser im direkten Kontakt von einer Person kommen, die Sie kennt und der Sie vertrauen. Ein Buch ist da vielleicht nicht der richtige Stiefel.

Deshalb einige Anregungen: Nicht alles, was in den folgenden Kapiteln geschrieben steht, wird auf Ihre persönliche Situation passen. Lassen Sie daher unbekümmert alles weg, was Ihnen überflüssig erscheint, und konzentrieren Sie sich auf das, was für Sie von Bedeutung ist.

Immer wieder werden auch Übungen vorgeschlagen. Wenn sie Ihnen interessant scheinen, machen Sie mit und nehmen Sie sich Zeit dafür! Sie finden natürlich freundliche Ermunterungen, einen neuen Schritt auszuprobieren. Wenn Ihnen ein solcher Schritt oder eine empfohlene Übung nicht zusagt, ist es vernünftig, beides ohne schlechtes Gewissen sein zu lassen. Häufig geht es auch um eine Bestandsaufnahme dessen, was ist, und dessen, was Sie ausmacht. Beantworten Sie nur die Fragen, die Sie interessant finden.

Anregungen müssen auf einen fruchtbaren Boden fallen. Aber die Menschen sind verschieden, jeder hat andere Qualitäten und »Bodenzusammensetzungen« und bringt unterschiedliche Erfahrungen, andere Voraussetzungen mit.

Empowerment meint, dass Sie immer und überall *auf Ihren Bauch hören*. Wenn Ihnen also beispielsweise meine erste Frage banal oder überflüssig erschien, dann haben Sie recht getan, Sie möglichst schnell zu überlesen!

Ich halte wenig von Vorsätzen, die man später nicht einhält. Ist nicht der Weg zur Hölle mit allen diesen guten Vorsätzen gepflastert? Das führt nur zu einem zusätzlichen Gefühl des Versagens und verstärkt die Resignation. Also machen Sie sich lieber keine oder nur wenige Vorsätze!

Es ist *nicht* die – in meinen Augen vielfach überschätzte – Willenskraft, die dafür ausschlaggebend ist, ob jemand ein Ziel erreicht oder eine Krise überwindet. Natürlich unterstützt der Wille Vorsätze und wichtige Schritte. Mir scheint der Wille aber mehr die Spitze des Eisbergs zu sein, der von unterirdischen Strömungen getrieben wird.

Wenn Veränderungen nicht gelingen und Sie in einer Krise stecken bleiben, dann hat das also gute Gründe. Ich bin überzeugt davon, dass in jedem eine größere Intelligenz wohnt, als dem normalen Alltagsverstand zugänglich ist. Es gibt viele Namen dafür. Der renommierte Hypnotherapeut Milton Erickson setzte diese Intelligenz mit dem Unbewussten gleich. Jeder Widerstand gegen Veränderung, jede innere Barriere, die einen neuen Schritt unmöglich macht, hat einen sinnvollen Hintergrund. Die Gründe werden nicht gesehen, aber sie sind entscheidend.

Dennoch: In vielen Bereichen können wir uns verändern, ohne diese Gründe kennen zu müssen. Wenn wir unsere Intelligenz nutzen, können wir gezielt Ressourcen wecken und Wege finden, Hindernisse elegant zu umgehen. – Meine Ermunterung an Sie:

- Machen Sie sich keine guten Vorsätze, wenn Sie dieses Buch lesen.
- Probieren Sie nur aus, wozu Sie Lust haben.
- Statt sich anzustrengen, versuchen Sie das Leichteste und Angenehmste.
- Vergessen und überschlagen Sie alles andere.
- Freuen Sie sich über jeden noch so kleinen Erfolg.
- Vergessen Sie nie: Sie sind so einzigartig wie Ihre spezielle Situation. Und auch Ihr Weg durch eine Krise hindurch und aus ihr heraus ist einzigartig.

Kapitel I
Eine Krise ist eine Krise ist eine Krise

Dieses Buch um die Krise ist wie eine Rundwanderung im Gebirge. Der Startpunkt liegt schon weit in der Höhe. Der Wind ist bereits rauer, die Luft kühler. Wir wissen, dass es eine anstrengende Wanderung werden wird, für Anfänger sehr herausfordernd. Aber auch Fortgeschrittene kommen zwischendurch an ihre Grenzen.

Wir brauchen eine gute Ausrüstung. Der Weg wird auf und ab gehen und uns durch unterschiedliche Vegetationszonen führen. Es ist wichtig, Vorräte mitzunehmen, aber nicht zu viele, damit uns ihre Last nicht erdrückt.

Zunächst nehmen wir eine Karte heraus, um einen Überblick zu gewinnen.

Krisen gehören zum menschlichen Leben

Im Grunde beginnt schon unser Leben mit einer Krise. Da ist ein Baby neun Monate lang geschützt im Bauch der Mutter gewachsen. Dann plötzlich! Von einem Moment auf den anderen ändert sich dieser selige Zustand. Es wird von allen Seiten gepresst und geschoben, ohne zu wissen, warum. Es muss sich durch den engen Geburtskanal zwängen, manchmal über viele Stunden hinweg. Dann, irgendwann, erblickt es erschöpft das Licht der Welt. Wenn das keine erste Krise ist! Wie das Baby diesem unerwarteten Ereignis begegnet, so geht es auch später immer wieder im Leben.

Wer seine erste Ehe eingeht, denkt in diesem Moment kaum an die Möglichkeit der Scheidung. Bei der zweiten mag das schon anders aussehen … Wer frühmorgens gesund und munter durch den Stadtwald joggt, denkt nicht an Unfälle oder Krankheiten. Und wer sich bei seiner Arbeit engagiert und gute Leistungen bringt, hat früher kaum an die Möglichkeit der Entlassung gedacht. (Dass sich das heute so stark geändert hat, ist für mich einer der Gründe, dieses Buch zu schreiben.)

Aber dennoch gibt es und gab es schon immer Scheidungen, Unfälle und unerwartete Entlassungen. Solche Ereignisse verursachen Erschütterungen, Umbrüche, manchmal sogar persönliche Erdbeben und Explosionen.

Auch wenn jeder es gern anders hätte – es ist illusorisch, zu glauben, man könne Krisen vermeiden. Sie sind ein Bestandteil menschlichen Lebens. Es gibt immer schwierige Zeiten des Übergangs. Das zeigt schon das Beispiel unserer allerersten Krise, nämlich die der Geburt. Oder die Erinnerung an die eigene Pubertät mit ihren Schwierigkeiten bzw. die Beobachtung von Jugendlichen, die sich gerade in dieser Phase befinden.

Auch wenn wir im späteren Leben aufgrund früherer Erfahrungen ahnen, was in bestimmten Situationen auf uns zukommt, treffen die Schläge und Fehlschläge, die das Leben parat hält, uns immer noch heftig. Besonders krisenhaft sind solche Ereignisse, die wir nicht erwartet und auf die wir uns nicht vorbereitet haben oder vorbereiten konnten.

Schon von »normalen« Zeiten sagte die Bilderbuchautorin Nele Moost einmal, in manchen Tagen sei der Wurm drin. Der fresse sich durch die Stunden, bis der Tag wie ein Löcherkäse aussähe. Dann sei der Wurm satt und der Tag im Eimer. In Krisen tauchen ganze Nester von Würmern auf, die die Tage zerfressen!

Die bisherige Sicherheit geht verloren. Der Boden, der uns bis jetzt in unserem Alltag verlässlich getragen hat, gerät ins Schwanken. Menschen, die uns bisher zuverlässig zur Seite standen, sind plötzlich nicht mehr da. Je regelmäßiger das Dasein zuvor in festen Bahnen ablief, desto stärker die Erschütterung, wenn jemand »aus der Bahn« geworfen wird.

Manch einer, der sich auf Zickzackkursen durchs Leben bewegt und wenig Verlässlichkeit erfahren hat, kennt kleinere Krisen und ist dadurch gestärkt auch für die größeren. Aber selbst solche Menschen können bis in die Grundfesten erschüttert werden.

Phasen der Krise

Es mag Sie ermutigen, entspannen oder auch ernüchtern: Eine Krise ist eine Krise ist eine Krise! Manche haben einen frommen Kinderglauben, dass es von ihrer persönlichen Einstellung abhängt, ob sie von Verlusten deprimiert werden oder nicht, ob sie sich nach Enttäuschungen ärgern oder nicht, ob sie sich von der Krisenstimmung der Umwelt anstecken lassen oder nicht. Dieser Glaube ist falsch.

Zu Ihrer weiteren Beruhigung: Es hängt nicht von Ihrer Willenskraft ab. Jeder, der wie Michael seine Arbeit mag und seinen Job unerwartet verliert, ist geschockt und fällt in ein Loch. Jeder, der wie Johannes gegen seinen Willen den Partner oder die Partnerin verliert, erlebt Phasen, in denen er am Boden zerstört ist. Und wer wie Nicole in einer Firma arbeitet, bei der Kolleginnen entlassen worden sind, wird von den Vorgängen beunruhigt.

Es gibt bestimmte Phasen, die zu jeder Krise gehören, welche durch einen Verlust verursacht wird. (Nicole hat ihren Arbeitsplatz nicht verloren, deswegen unterscheidet sich ihre Krise von derjenigen Michaels und Johannes'.) Diesen Phasen kann keiner entkommen, und sie brauchen ihre Zeit. Dabei gibt es allerdings große Unterschiede, wie heftig jemand diese einzelnen Abschnitte erlebt und wie lange sie dauern. Natürlich sind die Perioden nicht eindeutig separat voneinander zu betrachten, und sie folgen auch nicht zeitlich streng eine nach der anderen. Es gibt viel Hin und Her, Vor und Zurück: Probleme, die schon längst überwunden geglaubt waren, treten zwischendurch noch einmal heftig wieder auf den Plan.

Die Psychotherapeutin Verena Kast beschreibt folgende vier Phasen[2] als Folge eines Verlusts. Der schlimmste ist der Tod eines geliebten Menschen. Aber auch die Scheidung vom Ehepartner oder die Kündigung des Arbeitsverhältnisses sind harte Schicksalsschläge, die die gleichen Phasen der Bewältigung brauchen.

Die erste Phase ist diejenige, in der die Betroffenen den Verlust nicht für möglich halten. Sie möchten lieber so tun, als ob nichts geschehen wäre. Man weigert sich, die Tatsache als wahr anzunehmen. Je unerwarteter ein Verlust kommt, so wie bei Michael die Kündigung, desto größer ist

[2] Kast, S. 70 ff.

der erste Schock und Unglauben. »Das kann doch nicht wahr sein!«, ist der Kerngedanke. Man ist zunächst wie erstarrt.

In der zweiten Phase bricht auf chaotische Weise eine Fülle unterschiedlicher Emotionen auf: Kummer, Angst, Zorn, Schuld, Sehnsucht, Liebe. Sie alle mischen sich auf verwirrende Art, sie wechseln sich abrupt und unerwartet ab. Wenn ein Schwerkranker sich damit abfinden muss, zu sterben, ist ein zentrales Gefühl der Zorn oder Protest, wie die Sterbeforscherin Elisabeth Kübler-Ross es beschreibt. In unseren Krisen taucht immer wieder besonders die Angst auf, ob und wie das Leben nach dem Verlust zu bewältigen ist. Dazu kommen körperliche Beschwerden wie Schlaf- und Appetitlosigkeit.

Die dritte Phase ist die des Trauerns. Der Schmerz über den Verlust wird gespürt und angenommen. Gleichzeitig geschieht auch eine Rückbesinnung auf sich selbst. Vergangenes kommt jetzt häufig wieder ins Gedächtnis. Verena Kast spricht hier von der »Erinnerungsarbeit«, durch die man sich selbst besser erkennt und klarer sieht. Johannes mag zum Beispiel die eigenen Fehler hinter den Vorwürfen an Exfrau Susanne entdecken. Am Ende dieses Abschnitts ist der Verlust akzeptiert. Erinnerungen können und dürfen auftauchen, aber sie beherrschen nicht mehr das Leben.

In der vierten Phase ist die »Trauerarbeit« abgeschlossen, auch wenn hin und wieder noch einmal ein plötzlicher Anfall von Trauer auftritt. Der Betroffene kommt langsam wieder aus seinem Schneckenhaus heraus und wendet sich erneut dem Leben zu. Es kann zwei oder drei Jahre dauern, bis ein schwerer Verlust auf diese Weise verkraftet ist. Es liegt nicht in der Hand desjenigen, der die Krise besteht, diese schneller, sozusagen im Zeitraffer, zu durchlaufen.

Zeit für die Krise

Wenn Sie Ihre aktuelle Krise und den Schlag, den Sie dabei erlitten haben, betrachten: Was scheint Ihnen ein angemessener Zeitraum zu sein, den es braucht, um damit fertig zu werden?
(Erinnern Sie sich an Freunde und Bekannte, die ähnliche Krisen erlebt haben.)

Man mag sich jetzt die Frage stellen: »Wenn die Krise sowieso ihren natürlichen Verlauf nimmt, wozu dann dieses Buch?« – Auch wenn jeder alle diese Phasen ganz durchlaufen muss, so kann er doch kürzer oder länger dazu brauchen. Ist jemand zum Beispiel ganz allein und fühlt sich isoliert und einsam, verlangsamt das den Ablauf. Auf der anderen Seite können Freunde, die uns gut zusprechen und selbst schon ähnliche Krisen durchgestanden haben, uns mit ihren Einsichten unterstützen. Eine ähnliche Funktion haben geeignete Bücher.

Die Bewältigung einer problematischen Situation ist immer auch ein Spiegel der Persönlichkeit, die durch alle bisherigen Erfahrungen des Lebens mitgeformt wurde. So kann eine Krise zur »Dauerkrise« werden. Das zeigt sich daran, dass eine natürliche, normale Zeitspanne dieses Zustands überschritten wird und er sich eher verschlechtert als verbessert. Dann erfordert die Lösung eine intensivere Beschäftigung mit sich selbst. Die Situation wird zu einer großen Herausforderung, wichtige, neue und schwierige Schritte in der eigenen Entwicklung zu gehen.

Kapitel II
Die Grundlage, um Krisen zu bewältigen

Wie bekommt jemand in einer Krise wieder Boden unter die Füße? Welcher erste Schritt ist für Michael, Johannes und Nicole und andere derart Geplagte sinnvoll?

Vielleicht helfen gute Ratschläge? Ein Schlagwort ist ja weit genug verbreitet: »Krisen sind Chancen!« Ob Michael sich jetzt gern erzählen lassen mag, wie phantastisch Tiefpunkte doch sind, weil sie solche Möglichkeiten bieten? Am besten von jemandem, der selbst eine Arbeitsstelle hat und zu ihm wehmütig meint: »Du hast es doch eigentlich gut ohne den Arbeitsstress!«

Oder will Johannes hören, dass es für ihn an der Zeit ist, sich endlich zusammenzureißen und seine Exfrau zu vergessen? Was die guten Freunde alles so sagen: »Jetzt hast du doch endlich mal die Zeit, das zu tun, was du willst.« – »Gib dir doch Mühe, dann geht's dir schon besser.« – »Du musst dich mehr anstrengen.«

Es ist nicht besonders angenehm, sich so etwas anhören zu müssen. Auch wenn die Ermunterungen gut gemeint sind, deprimieren sie eher. Solche Rat*schläge* können eben tatsächlich wie Schläge sein. Sie bauen in der Regel nicht auf, sondern ziehen uns nur noch mehr herunter. Da kann man nur sagen: »Bitte nicht helfen, es ist auch so schon schwer genug!«

Spitzensportler und die »positive Energie«

Wieso verstärken solche Ermahnungen in der Krise eher den schlechten Zustand? Weil ungefragte, wenn auch gut gemeinte Ratschläge einen inneren Druck erzeugen, da sie suggerieren, dass man eigentlich anders denken, anders fühlen, anders sein sollte. Aber es geht zurzeit gerade nicht! Die Folge davon ist, dass sich zu den schlechten Gefühlen noch zusätzlich das Schuldgefühl gesellt. Denn man sollte die Krise ja eigentlich beherrschen, statt in ihr zu leiden. Eine Teufelsspirale nach unten!

Die große Frage ist: Wie kommt jemand aus dieser Spirale heraus und wird wieder leistungs- und handlungsfähig? Die Welt der Spitzensportler liefert uns einige wichtige Erkenntnisse dazu. Spitzensportler zeichnet aus, dass im Moment des Wettbewerbs immer wieder Höchstleistungen von ihnen verlangt werden. Und zwar nicht nur zwei- oder dreimal im Jahr, sondern regelmäßig, zum Beispiel bei Tennisspielern. Außerdem kann der Sportler direkt an seiner Leistung messen, was ihm nutzt und was ihm schadet. Das Ergebnis ist ein objektiver Maßstab.

James Loehr trainiert seit vielen Jahren Spitzensportler in den USA, er hat sie immer wieder über ihre Einstellungen befragt und ist dabei zu faszinierenden Ergebnissen gekommen, die er in mehreren Büchern veröffentlicht hat.

Die erbrachte Leistung spiegelt stets – abgesehen von körperlichen und gesundheitlichen Faktoren – die jeweilige innere Stimmung wider. Je besser sie ist, desto besser ist die Leistung – und umgekehrt: je schlechter die Stimmung, desto schlechter die Leistung. Erfolg hat, wer eine ganz bestimmte Art des geistig-seelischen Klimas in sich selbst erschafft und beibehält:

> »Ich war immer der Annahme, dass ein wenig Angst und Nervosität hilfreich seien. Selbst die konventionelle Forschung auf diesem Gebiet ließ darauf schließen; so war ich überrascht, als ich erfuhr, dass Sportler am besten sind, wenn sie nicht die geringste Angst verspüren. Sobald Athleten anfingen, auch nur geringfügig nervös oder ängstlich zu sein, sank ihr Leistungsniveau. Die einzige Ausnahme hierzu war, wenn ein Athlet nicht über genügend Energie verfügte oder nicht ausreichend eingestimmt war, um aus positiven Quellen schöpfen zu können.«[3]

Die Sportler beschreiben in den Interviews Zustände von hoher und geringer Energie. Hohe Energie ist positiv oder negativ; positiv wird sie als Freude und Begeisterung und negativ als Druck und Angst erlebt. Von fünfzig Höchstleistungen, die geprüft wurden, ereigneten sich alle ohne Ausnahme (!) im Bereich der »hohen positiven Energie«, im Zustand von Freude und Begeisterung.

Durch die Befragungen ergab sich folgendes Bild: Negative Energie ist zwar besser als gar keine. Das heißt: Wer in der Krise total absackt, für den ist Druck besser, als im energielosen Zustand zu bleiben. Doch die beste Leistung aus dem Bereich hoher negativer Energie liegt nur bei 60 Prozent, also bei etwas mehr als der Hälfte des geschätzten athletischen Leistungspotenzials! Dies bedeutet: Mit

[3] Loehr (1), S. 34.

überwiegend negativem Energiefluss ist nur eine Leistung knapp über dem Durchschnitt möglich.[4]

Was die positive Energie bringt? Auch dazu machten die Sportler konkrete Aussagen: Spaß, Freude, Liebe, Zielstrebigkeit, Optimismus, Vergnügen, Stolz, Selbstherausforderung, Teamgeist. Diese positiven Energien setzen sich um in entspannte Muskeln, gute Konzentration und einen Zustand innerer Gelassenheit. Negativ erlebt werden Wut, Ärger, Angst, Anspannung, Pessimismus und Frustration. Das spannt die Muskeln an, verschlechtert die Konzentration und macht innerlich erregt und hektisch.

Dies gilt nicht erst für Spitzensportler, sondern schon im Kindergarten! Kinder (wie auch Erwachsene), die in gute Stimmung gebracht werden, schneiden bei unterschiedlichen Testaufgaben besser ab. Sie streben höhere Ziele an, leisten mehr und halten länger durch. In einer Untersuchung bekamen drei Gruppen von Vierjährigen unterschiedliche Instruktionen. Den Mitgliedern der einen Gruppe wurde gesagt, sie sollten sich an etwas erinnern, was sie so fröhlich gemacht hatte, dass sie hochspringen wollten. Diejenigen der zweiten Gruppe sollten sich etwas ins Gedächtnis rufen, was sie so fröhlich gemacht hatte, dass sie lächeln wollten. Der dritten Gruppe wurde nichts gesagt. Anschließend bekamen alle Kinder eine Lernaufgabe. Und die beiden ersten Gruppen waren deutlich besser als die dritte, die nur eine neutrale Instruktion bekommen hatte.[5]

Was helfen diese Erkenntnisse aber Johannes, Nicole und Michael in ihrer Situation? Allen dreien ist gemeinsam,

[4] Ebenda, S. 52f.
[5] Seligman (II), S. 71.

dass sie sich völlig energielos fühlen. Sie haben einen Teil der Kraft verloren, die sie sonst beruflich und privat getragen hat. In jeder ruhigen Minute zerbrechen sie sich den Kopf und quälen sich mit ihren Gedanken.

Besonders Michael und Johannes geht es ähnlich. Beide erleben einen plötzlichen großen Verlust. Johannes kann die Trennung von Ehefrau Susanne nicht verwinden, Michael kommt nicht darüber hinweg, dass er seinen Arbeitsplatz verloren hat. Beiden war vorher natürlich klar gewesen, dass solche Ereignisse immer wieder geschehen. Aber als es bei ihnen selbst tatsächlich eintraf, überfiel sie der Schock unerwartet und heftig – viel mehr, als sie zuvor je vermutet hätten.

Als Michael noch arbeitete, hatte er ab und zu über die wunderbaren Möglichkeiten der Frührentner gescherzt, die endlich aus der Maloche heraus sind und geruhsam in der Sonne sitzen können. Jetzt hätte er die Zeit, tagelang in der Sonne zu sitzen. Und plötzlich kann er sich nichts Schlimmeres vorstellen!

Johannes war sich sicher gewesen, auch gut allein klarzukommen. Schließlich hatte er es als Sohn einer berufstätigen allein erziehenden Mutter schon früh gelernt, sich um seine Wäsche zu kümmern und sich sein warmes Abendessen zuzubereiten. Und außerdem – Frauen gibt es ja genug. Er hatte früher schon ab und zu mal mit Interesse geschaut, was auf dem »Marktplatz« so alles zu haben war.

Unerwartet fühlt er sich jetzt traurig, trostlos, allein und verlassen in der neuen kleinen Wohnung, in die er gezogen ist. Er vermisst Susanne (dabei war sie ihm doch in der letzten Zeit so auf die Nerven gegangen!) und vor allen Dingen Benedikt. Die gemeinsamen Wochenenden, jedes zweite, sind kein Ersatz für den vorher selbstverständlichen allabendlichen Gutenachtkuss. Und um Frauen macht er einen großen Bogen. An der »Zweitfrau« von früher hatte er plötzlich das Interesse verloren, das ist schon lange vorbei. Gebranntes Kind scheut das Feuer – das alte Sprichwort ist wahrer, als er je gedacht hätte.

Nicole hat keinen Verlust erlitten, anders als Michael und Johannes. Sie braucht keine unmittelbare Angst um ihren Arbeitsplatz zu haben. Bislang ist das Thema Entlassung noch weit weg. Trotzdem hat sie ihren alten Schwung und ihren früheren Optimismus verloren. Die Krise ist für sie nicht der unerwartete Schock, sondern die allmähliche Lähmung.

»Manchmal«, so denkt Nicole, »wäre es mir lieber, ich würde tatsächlich entlassen. Dann wüsste ich wenigstens, womit ich umgehen und zurechtkommen muss. Aber die ständige unsichtbare Drohung macht mich noch wirklich krank.«

Diese negative Energie ist das Merkmal der meisten Krisen. Michael verspürt eben gerade keine Freude und Gelassenheit. Nicole ist eher pessimistisch und angespannt. Johannes hat seinen Optimismus verloren, Spaß kennt er schon lange nicht mehr. Alle drei sind weit entfernt von ihrer optimalen Verfassung. Wie können sie nur zur »positiven Energie« finden?

Je besser unser Zustand, desto leichter wird erfolgreiches Handeln!

Wenn wir nur in einer guten Verfassung mühelos gute Leistungen erbringen, dann ist es in der Krise unumgänglich, wieder in einen positiven Zustand zu kommen.

In unseren Köpfen haben wir oft die verkehrte Reihenfolge. Wir denken: Es geht uns schlecht, *weil* wir uns in der Krise befinden. Meist flüstert uns zusätzlich noch eine innere Stimme zu: »Du verdienst es auch, dass es dir schlecht geht, wenn du in der Krise bist.« Wir müssen also erst die Krise überstehen, und dann darf es uns wieder gut gehen. Damit bauen wir uns selbst das Gefängnis. Weil wir »schlecht drauf sind«, finden wir nicht die Kraft, die Krise zu bewältigen.

Der erfolgreiche Weg führt genau in die andere Richtung: Auch wenn wir uns in der Krise befinden, darf es uns gut gehen. Ja, gerade dann soll es uns gut gehen, und wir müssen alles tun, damit wir uns wieder besser fühlen. Denn nur so finden wir die Stärke, die missliche Situation zu bewältigen. Je positiver unser Zustand, desto leichter wird die Lösung!

Um Missverständnissen vorzubeugen: Die Krise löst sich nicht dadurch, dass wir uns ablenken und es uns gut gehen lassen. Auch wenn Johannes in einer prima Stimmung ist, kehrt dadurch Exfrau Susanne nicht zurück. Und genauso wenig hat Michael seinen Arbeitsplatz wieder, sobald er ein fröhliches Gesicht zeigt. Und wenn Nicoles Firma Bankrott macht, dann helfen ihr auch strahlende Augen nicht weiter.

Nur – solange unsere drei im Sumpf des Leidens untergehen, verändert sich nichts, oder wenn, dann nur zum Schlechteren. Wenn sie es dagegen schaffen, in einen guten Zustand zu kommen, dann haben sie die Kraft, auch die weiteren Schritte zu gehen, die ihnen helfen, die Krise hinter sich zu lassen. Anders funktioniert es nun mal nicht!

Aber was kann jemand in seelischer Not tun, damit es ihm gut geht? Es mag viele überraschen, aber wir können unsere inneren Zustände ohne Schwierigkeit ändern – wenigstens meistens – und tun dies instinktiv auch immer wieder. Jeder hat dabei seine besonderen Methoden, die er automatisch anwendet.

Um diese Möglichkeiten zu demonstrieren, lade ich Sie zu einem kleinen Experiment ein (siehe den Kasten »Die Stimmung verändern«). Fast immer erhöht diese Übung die Punktezahl. Je mehr Positives entdeckt wird, desto höher steigt die Zahl.

Aber auch wenn sich, obwohl Sie die Fragen beantwortet haben, Ihre Ziffer nicht verändert oder sogar verkleinert

Die Stimmung verändern

Wenn Sie Ihre Stimmung im Moment auf einer Skala von 1 (am Boden zerstört) bis 100 (absolut himmlisch) bewerten – welche Zahl geben Sie sich?
Und jetzt beantworten Sie bitte folgende Fragen. Je ausführlicher und konkreter, desto besser:

- Was ist heute und in der letzten Woche an Positivem geschehen?
- Haben Sie etwas dabei übersehen?
- Wer war freundlich zu Ihnen?
- Und zu wem waren Sie freundlich?
- Und nun versuchen Sie doch noch, einfach einmal ein klein wenig die Mundwinkel nach oben zu ziehen und zu lächeln.

Wenn Sie Ihre Stimmung erneut auf der Skala von 1 (am Boden zerstört) bis 100 (absolut himmlisch) bewerten – welche Zahl geben Sie sich jetzt?

hat, dann mein Kompliment! Es zeigt, dass Sie über eine große Widerstandskraft verfügen. Falls Sie diese Kraft auch für das Abdichten gegenüber negativen Emotionen einsetzen, besitzen Sie in Krisen ein wirkungsvolles Werkzeug.

Was uns durch den Kopf geht, bestimmt unseren Zustand

Vielleicht ähneln wir Menschen den Computern oder Robotern mehr, als uns lieb ist. Deshalb steht die heutige Gehirnforschung staunend vor den Bildern, die auf den Bildschirmen zeigen, welche Prozesse die Vorgänge in unserem Gehirn lenken. Die Frage, ob es menschliche Freiheit überhaupt gibt und, wenn ja, wie sie beschaffen ist, zieht sich wie ein roter Faden durch die Diskussionen der Spitzenforscher. Unabhängig von dieser Diskussion erleben wir jedoch ständig die Möglichkeit, die Art unseres Denkens frei zu wählen.

Entscheidungen treffen

Antworten Sie bitte spontan.
Sie haben für Ihre nächste Hauptmahlzeit (Mittag- oder Abendessen) die Wahl zwischen

- Pizza,
- Steak,
- Salat.

Wofür entscheiden Sie sich?

Durch unseren Kopf laufen ständig Gedanken. Wenn wir sie verlangsamen und aufmerksamer für sie werden, dann entdecken wir hinter ihnen, wie blitzschnell Bilder und Sätze ablaufen. Sie nehmen wir vereinfacht und abgekürzt als »Gedanken« wahr. Dazu ein kleines Experiment:

Sie konnten sich wahrscheinlich im Bruchteil von Sekunden für eine Mahlzeit entscheiden. Dennoch sind in dem Augenblick, der der Antwort vorausgeht, eine Anzahl von Denkprozessen abgelaufen. Diese Prozesse lassen sich im Nachhinein mit Ruhe und Aufmerksamkeit aufschlüsseln und bewusst machen.

So ist ohne innere Wahrnehmungen keine bewusste Entscheidung möglich. Der eine mag eine Stimme hören, die ihm sagt: »Pizza macht dick – Salat ist gut für deine Linie!« Ein anderer sieht die drei Mahlzeiten im Geiste vor sich stehen, betrachtet sie und registriert, bei welcher ihm das Wasser im Mund zusammenläuft. Ein Dritter sieht als Erstes eine verkohlte Pizza von seinem letzten Besuch beim Italiener und sagt sich: »Also auf keinen Fall Pizza!«, und vergleicht dann die Bilder von Salat und Steak. Jeder geht dabei andere Wege.

Ihr Entscheidungsweg

Was war eben Ihr Entscheidungsweg? Woher wussten Sie, welches Gericht Sie bevorzugen?

Wenn Sie diese Frage beantworten, erleben Sie, dass sich hinter einer schnellen Entscheidung eine Fülle innerer Vorgänge verbirgt. Innere Bilder sind ein wichtiger Bestandteil unserer gedanklichen Prozesse. Meist laufen sie unbewusst durch unseren Kopf. Aber sie entfalten die gleiche Wirkung, wie wenn wir sie bewusst wahrgenommen hätten.

In jedem von uns laufen diese Prozesse ab. Manche Menschen haben Schwierigkeiten, ihre inneren Bilder bewusst wahrzunehmen. Sie meinen dann: »Ich kenne keine inneren Bilder.« Eine einfache Frage macht jedoch deutlich, dass dies nicht ganz stimmen kann: »Woher wissen Sie, wenn Sie zu einem Parkplatz kommen, welches Ihr Auto ist? Wie können Sie sicher sein?« Die spontane erste Antwort »Das weiß ich eben« trägt nicht weit. Woher also?

Wer sein Auto erkennt, muss irgendwelche Bilder in der Erinnerung gespeichert haben, die ihm signalisieren, dass er auf dem richtigen Weg ist und vor dem eigenen Auto steht. Hätte er sein Gedächtnis völlig verloren und damit diese Bilder, könnte er nie mit Gewissheit sagen, welches sein Auto ist.

Allerdings liegen diese Bilder nicht tief vergraben, sondern sind sehr nah an unserer bewussten Oberfläche. Mit etwas Zeit und Geduld, wie bei der kleinen Übung zur Speiseauswahl eben, lassen sie sich leicht an die Oberfläche bringen, und man kann sich gut an sie erinnern.

Die inneren Bilder und Stimmen haben einen unmittelbaren Einfluss auf unseren Organismus. Häufig sind wir uns der körperlichen Reaktionen nicht bewusst, sondern nehmen nur wahr, dass wir »denken«. Die Wirkung ist dennoch vorhanden und lässt sich sogar von einem genauen Beobachter erkennen.

Es ist fast banal: Erinnern wir uns an freudige Ereignisse, geht es uns besser, und unser Körper verändert sich wahrnehmbar in eine positive Richtung. Gesichtszüge entspannen sich, der Atem wird tiefer, der Puls ruhiger. Denken wir an Unangenehmes, steigt die Spannung, der Atem wird flacher und der Herzschlag schneller.

Je konkreter wir etwas beschreiben und ausmalen, desto stärker wird die Wirkung auf unsere Stimmung. Wenn wir in unseren düsteren Erinnerungen schwelgen, in all den Fehlschlägen, die wir bisher erlebt haben, verdunkelt sich unser Gemüt entsprechend. Umgekehrt gilt das Gleiche: Rufen wir uns unsere Erfolge ins Gedächtnis, hellt sich die Stimmung auf.

Besonders wirkungsvoll in einer Krise ist die richtige Mischung der Erinnerungen. Dazu lade ich Sie wieder ein, einige Fragen zu beantworten. Damit die Vorstellungen präziser werden, kann es helfen, sich dazu Notizen zu machen.

Wie vergangene Krisen bewältigt wurden

Welche heftige Krise haben Sie schon in Ihrem Leben gehabt? Vielleicht sogar eine Krise, die ähnlich der aktuellen war?
Und wie genau sind Sie aus ihr wieder herausgekommen?

Wenn der frisch geschiedene Johannes diese Frage beantwortet, fällt ihm sofort seine erste Liebe ein. Es war noch in der Schule. Ein halbes Jahr gingen sie miteinander, und dann verliebte sie sich in einen anderen. Es war schrecklich gewesen, Johannes am Boden zerstört. Ein Jahr hatte er gebraucht, um den Schlag zu verwinden. Dann allmählich fing er wieder an, sich nach dem weiblichen Geschlecht umzuschauen…

Michael hat noch nie seinen Arbeitsplatz verloren. Er hatte nur früher einmal von sich aus die Arbeitsstelle gewechselt. Aber an eine heftige Krise erinnert er sich. Als er durch die Abschlussprüfung gefallen war! Besonders gut war er nie gewesen, aber dass er durchkommt, damit hatte er schon gerechnet. Deswegen war der Schock so heftig, dass er für ein paar Wochen jedes Selbstvertrauen verloren hatte. Er kam nur langsam wieder aus seinem Loch, fing wieder mit dem Lernen an und ging zitternd in die Wiederholung. Die schaffte er dann…

Nicole muss überlegen, denn bisher war ihr Schul- und Berufsweg reibungslos verlaufen. Den Zustand, dass sie so nervös und unsicher wird, kennt sie eigentlich nicht. Nach längerem Nachdenken fällt ihr doch etwas ein. Als sie in die zweite Volksschulklasse kam, zogen ihre Eltern in eine andere Gegend um. Die erste Zeit in der neuen Schule war grässlich gewesen. Die anderen Kinder machten sich über sie und ihren Dialekt lustig. Bald traute sie sich überhaupt nicht mehr, den Mund aufzumachen, und ihre schulischen Leistungen ließen rapide nach. Erst als sie nach ein paar Monaten eine Freundin hatte, taute sie wieder auf und fand allmählich zu ihrer alten Munterkeit und Geselligkeit zurück…

Solche Bilder und Erinnerungen bringen uns auf einen guten Weg. Zum einen knüpfen sie an die gegenwärtige problematische Situation an. In der Krise sitzen wir im tiefen Tal. Wenn wir uns im Tal daran erinnern wollen, wie es auf dem höchsten Gipfel in unserem Leben war, ist die Distanz manchmal zu groß. Aber es fällt leicht, sich an ähnliche

Täler zu erinnern. Gleichzeitig tauchen damit auch die entsprechenden deprimierten Gefühle wieder auf.

Deshalb ist es elementar, sich auch an den Weg zu erinnern, der damals durch die Krise führte. Damit wird das Vertrauen stärker, dass auch die aktuelle Krise vorübergehen wird, ganz gleich, wie schlimm sie im Moment scheint. Darüber hinaus werden die Erinnerungen wach, was damals geholfen hat, um aus dem Tal herauszukommen.

So erinnert sich Johannes, dass er sich nach dem ersten heftigen Liebeskummer ganz auf die Schule konzentrierte. Außerdem trieb er sich jeden Nachmittag mit Kameraden auf dem Sportplatz herum, um Fußball zu spielen. Das half ihm, wieder Boden unter die Füße zu bekommen. Ob Sport ihm nicht auch heute wieder helfen könnte?

Michael stellte damals nach der gescheiterten Prüfung fest, dass er ewig in seiner Selbtzerfleischung festhing. Schließlich hatte er begonnen, die Gedanken an sein Versagen beiseite zu schieben. Nur so kam er wieder in die Lage, für die Wiederholung zu lernen. Wie kann Michael heute seine negativen Gedanken entmachten?

Und was hat Nicole damals aktiv getan? Ihr erster Schritt war es, auf eine Schulkameradin in der Nachbarschaft zuzugehen. Ja, und dann war da noch ihr Geburtstag gewesen, zu dem sie fünf Kinder aus ihrer Klasse eingeladen hatte. Das war der Durchbruch. Wie kann Nicole heute auf andere zugehen und wessen Gesellschaft tut ihr gut?

Anregungen für die aktuelle Krisenbewältigung

Wenn Sie sich an Ihre vergangene Krise erinnern – was waren Ihre aktiven Beiträge gewesen, wieder aus der Krise herauszukommen?
Welche Anregungen bekommen Sie dadurch für die aktuelle Situation?

Natürlich lassen sich Situationen aus der Vergangenheit nie ganz mit der jetzigen vergleichen. Und auch die seinerzeit angewandten Methoden können nicht eins zu eins übernommen werden. Aber Anregungen sind in früheren Schritten auf jeden Fall verborgen.

Ziele in der Krise

Bisher konnten wir vor allem entdecken, wie positive Erinnerungen den gegenwärtigen Zustand günstig beeinflussen. Bilder, die wir aus vergangenen Erlebnissen gespeichert haben, sind ein großes Kapital für die Gegenwart.

Neben den guten Erinnerungen an Vergangenes sind Ziele eine weitere erstaunliche Kraftquelle. Der Mensch ist zwar ein zielstrebiges Wesen, aber meistens strebt er zu viel und zielt zu wenig. Allein der Schritt, in Richtung von Zielen zu schauen, bringt uns auf einen guten Weg. Schon die Beschäftigung mit möglichen erstrebenswerten Zuständen erzeugt Ressourcen.

Noch einmal zur Erinnerung: Positive und negative Bilder wirken sich auf unsere Stimmung aus. Wer sich lebhaft mögliche Katastrophen ausmalt so wie beispielsweise

Michael, der sich als Bettler unter der Brücke sitzen sieht, kommt automatisch in die entsprechend deprimierte Stimmung. Denn für unser Gehirn macht es keinen oder nur einen geringen Unterschied, ob ein realistisches Bild tatsächlich erlebt oder nur phantasiert worden ist. Bild ist Bild – es wirkt sich aus.

Wer das verstanden hat, kann diesen Mechanismus in der gewünschten Richtung nutzen. Positive Bilder wirken stärkend. Und Ziele sind ebenfalls Bilder, oft solche, die wir uns ausdenken, aus alten zusammensetzen oder ganz und gar neu schaffen. Derartige Vorstellungen wirken stark auf unsere Stimmung ein.

Aber halt! Nicht das Träumen ist gemeint. Träume sind abgehoben, rosarot gefärbt, unrealistisch. Johannes malt sich manchmal aus, dass Susanne plötzlich reumütig vor seiner Tür steht und wieder mit ihm zusammenleben will. Oder Nicole hängt den Erinnerungen nach, wie unbeschwert es noch vor einem Jahr war und dass es vielleicht bald wieder so kommen könnte.

Träume lassen uns eher wehmütig zurück und taugen nicht als Kraftquelle. Ja, im Gegenteil! Je mehr Illusionen man sich macht, desto weniger Kraft bleibt übrig fürs Handeln. Damit stabilisieren Träume eher das bestehende Unglück.

Es hat ein wenig die Wirkung von Alkohol. Wenn man sich Luftschlösser baut, wird die Realität in Watte gepackt, und der graue Alltag verblasst. Außerdem ist es viel einfacher, zu träumen, als zu handeln. Natürlich gibt es Zeiten, in denen eine Flasche Wein den notwendigen Trost spendet; genauso mag Träumen ab und zu als Puffer dienen, um die kantige Wirklichkeit abzupolstern. Nur auf Dauer gesehen wirken solche Illusionen schädlich.

Zurück zu den Zielen! Realistisch müssen sie sein. Denn so weit lässt sich unser Gehirn nicht hintergehen, dass weltfremde Bilder uns Kraftzuwachs geben. Wer sich näher mit seinen Zielen beschäftigt, produziert aber wirklichkeitsnahe positive Bilder am laufenden Band.

Je konkreter, plastischer und realistischer die Vorstellungen sind, desto größer ist ihre Wirkung. Zielbilder haben darüber hinaus einen überraschenden Effekt: Ein Bild in unserem Gehirn setzt den Impuls, dass es verwirklicht werden möchte. – Dazu eine Übung mit überraschendem Effekt:

Die Kraft von Zielen

Nehmen Sie einen Faden und befestigen Sie einen Ring oder Knopf daran.
Halten Sie dieses primitive Pendel ruhig in der Hand. Nun stellen Sie sich vor, dass der Ring oder Knopf kleine Kreise im Uhrzeigersinn beschreibt. Machen Sie sich innerlich ein deutliches Bild von diesem Kreis. Anschließend stellen Sie sich die Kreisbewegung im Gegenuhrzeigersinn vor.

Ich habe es in meinen Seminaren früher oft erlebt, wie verblüfft die Teilnehmer waren, wenn sie bei diesem kleinen Experiment feststellten, dass der Gegenstand tatsächlich den vorgestellten Kreis zu beschreiben anfängt. Er wechselt sogar die Richtung, wenn man sich dies in Gedanken vornimmt.

Um das Ganze zu verstehen, brauchen wir keine mystischen oder esoterischen Erklärungen. Das innere Bild entwickelt eine Tendenz zur Verwirklichung. Unsere Fingermuskeln reagieren mit unmerklichen Bewegungen. Und ohne dass wir uns anstrengen, ohne dass wir überhaupt wissen, wie es geschieht, organisiert der Körper von ganz allein die Verwirklichung.

Deswegen ist es besonders sinnvoll, sich mit den kleinen Schritten zu befassen, die zum gewünschten Ergebnis hinführen. Michael kann sich zwar als Ziel vorstellen, wieder an einem ähnlichen Arbeitsplatz wie seinem früheren zu sitzen. Aber in seiner aktuellen Situation kommt vorher eine Reihe wichtiger Schritte. So mag er als Erstes noch vor irgendwelchen Bewerbungssituationen anvisieren, seinen Tag so zu strukturieren, dass er wieder aktiv wird, »in die Gänge kommt« und nicht von seiner Lethargie aufgesogen wird. Nicole könnte sich als Ziel setzen, wieder mehr unter Leute zu kommen, und Johannes, wie früher regelmäßig zu joggen – statt immer nur fernzusehen.

Die Arbeit mit Zielen entfaltet somit eine dreifache positive Wirkung:

- Ziele geben die Richtung an, um die eigenen Kräfte gebündelt und gerichtet einzusetzen.
- Zielbilder entfalten aus sich heraus Anziehungskraft.
- Und schließlich wecken Zielbilder, weil sie positiv sind, auf der Stelle Ressourcen und damit Kräfte, die wir unmittelbar in der Gegenwart zur Verfügung haben.

Die Kraft der Bilder, die uns in eine bestimmte Richtung leiten, steht uns nicht automatisch zur Verfügung. Es erfordert geistige Anstrengung und die Auseinandersetzung mit dem, was jemand – eigentlich – will. Gerade in Krisen ist es wichtig, Bilder zu finden, die als Ziele dienen können.

Körperliche und mentale Fitness lösen geistige Erstarrung

Der Verstand ist wichtig. Aber viele laufen Gefahr, das Gefäß des Verstandes, den eigenen Körper, zu vergessen. Je schlechter der körperliche Zustand, umso schlechter werden die geistigen Leistungen, und desto leichter werden wir in die Krise rutschen.

Auch für Spitzensportler gilt: »Wenn die Grundbedürfnisse nach Nahrung, Ruhe, Schlaf, Flüssigkeit usw. nicht befriedigt sind, werden mentale Stärke und die Steuerung des idealen Leistungszustands rasch unerreichbar.«[6] In der Krise sind die Sorgen so groß, dass man schnell vergisst, auf das körperliche Wohlbefinden zu achten. Dabei setzt man wieder eine negative Spirale in Gang. Umgekehrt gilt: Je fitter man ist, desto eher wird man aus einer mentalen Lähmung und deprimierten Stimmung wieder herauskommen. Körperliche Bewegung löst auch geistige Erstarrung! – Deshalb die Frage an Sie:

Körperliche Fitness

Wenn Sie auf einer Skala von 1 (bettlägerig) bis 100 (Topform) Ihre momentane körperliche Fitness bewerten, wie viele Punkte geben Sie sich?
Falls Sie sich 95 und weniger Punkte gegeben haben – was könnten Sie tun, um 5 Punkte auf Ihrer Skala höher zu steigen?

[6] Loehr (3), S. 30.

Bewegung verändert unseren inneren Zustand. Wer in einer negativen geistigen oder emotionalen Verfassung bleiben will – zum Beispiel Trotz, Ärger, Grübeln, Angst –, der finde die Körperhaltung, die dem entspricht (wir nehmen sie immer automatisch mit dem entsprechenden Gefühl ein), und verharre so. Wer deprimiert bleiben möchte, sollte sich möglichst wenig bewegen, flach atmen und Schultern und Kopf hängen lassen! Wer sich dagegen schnell bewegt und eine andere Haltung einnimmt, wird leichter zu einer besseren Stimmung und auf andere Gedanken kommen.

Untersuchungen[7] zeigen, dass bei Depressionen Waldlauf zu starker Besserung führt, vergleichbar mit einer Therapie. Um depressiv zu sein, braucht nämlich jemand einen bestimmten flachen Atem, eingeschränkte Bewegung und wenig körperliche Energie. Wer joggt, ändert diesen körperlichen Zustand. Die schwarzen Gedanken und negativen Gefühle verschwinden durch den Sport.

Für die geistige Fitness ist die Beherrschung eines Entspannungsverfahrens und mentales Training sinnvoll. Wer gelockert ist, kann in diesem Moment keine Angst haben, die Sorgen gehen weg. Am einfachsten zu erlernen ist das autogene Training, weil es praktisch überall in Kursen angeboten wird. Übung macht den Meister, sodass es in immer schwierigeren Situationen unmittelbar hilfreich werden kann.

[7] Studie von Hans-Gerhard Sack am Institut für Sportwissenschaften der Freien Universität Berlin.

Methoden, um eigene Kräfte zu wecken

In den nächsten Abschnitten möchte ich Ihnen noch einige weitere Methoden vorstellen, um Kontakt mit den eigenen Kräften zu finden. Es geht immer um das gleiche Thema mit unterschiedlichen Ansätzen.

Wieder gilt: Überlesen Sie das, was Sie nicht anspricht! Probieren Sie das aus, wozu Sie Lust haben!

> The easy is right.
> The natural is right.
> To be yourself is right. (Osho)

Oder auf Deutsch:

> Das Leichte ist richtig.
> Das Natürliche ist richtig.
> Du selbst sein ist richtig.

Wir kennen viele Möglichkeiten, um uns etwas Gutes zu tun. Wir tun es nur zu selten. Erstaunlicherweise reicht schon die Erinnerung für einen Anstoß in eine positive Richtung. Je genauer und ausführlicher Sie die Fragen beantworten, desto mehr positive Wirkung werden Sie erleben.

Sich an positive Aktivitäten erinnern

Wie finden Sie zu einem positiven, entspannten Zustand?
Was macht Ihnen Freude?

Die Richtung unseres Denkens bestimmt immer wieder, ob es uns gut oder schlecht geht. Es gibt eine beliebte Frage- und Denkrichtung, die uns schleichend in den Sumpf des Negativen führt. Diese Fragen sind sehr verbreitet und verführerisch. Ihre Versuchung liegt darin, dass wir uns vormachen, mit einer Antwort auf die Frage einer guten Lösung näher zu kommen. Stattdessen versinken wir aber immer tiefer. Die entscheidende Frage, die in die negative Richtung führt, ist: »Warum geht es mir im Moment schlecht?«

Beobachten wir Michael, der deprimiert zu Hause sitzt und verzweifelt versucht, wieder in bessere Stimmung zu geraten. Er hofft, dass die Analyse hilft, und stellt sich die Frage: »Warum geht es mir nur so schlecht?«

Gehirne reagieren wie gute Computer, indem sie Antworten auf die jeweils gestellte Frage zu geben versuchen. Also kommt bei Michael die Information: »Schlecht geht es dir, weil du deinen Arbeitsplatz verloren hast.« Da es ihm nach dieser Antwort noch nicht besser geht, stellt er die gleiche Frage erneut. Der Gehirncomputer spuckt weitere Antworten aus: »Außerdem schläfst du seit der Entlassung unruhig und wachst am Morgen gerädert auf.« Immer noch tritt keine Besserung bei Michael ein, obwohl er schon wieder eine richtige Antwort bekommen hat. Also hakt er nach und erhält die Antwort: »Und mit deiner Frau fängt es auch langsam zu kriseln an.« Michaels Zustand bessert sich durch diese Information ebenso wenig wie durch die vorangegangenen. Er fragt weiter: »Warum geht es mir so schlecht?« – »Und Bewerbungen hast du gestern auch keine losgeschickt, obwohl du es dir vorgenommen hattest …«

Michaels Zustand verschlechtert sich immer mehr. Jede Antwort ruft neue düstere Bilder hervor. Trauer, Angst und Ärger werden wach.

An der Mitarbeit seines Gehirns liegt es nicht, dass Michael immer tiefer absackt. Sein einziger Fehler ist, dass er die falsche Frage stellt, denn sie ruft Bilder hervor, die ihm Kraft nehmen.

Dabei gibt es andere Formulierungen, die in eine gute Richtung führen, bei denen jede Antwort weiterhilft und wieder Kräfte weckt. Stellen Sie sich doch gleich jetzt folgende Fragen und warten Sie auf die Antworten, die Ihr Gehirn Ihnen liefert.

Die richtigen Fragen stellen

»Warum geht es mir gerade schlecht?« zu fragen, hilft nicht weiter! – Sagen Sie lieber:

- »Was kann ich im Moment tun, damit es mir besser geht?«
- »Was brauche ich gerade jetzt?«
- »Welches Gefühl würde mir in diesem Augenblick gut tun?«

Die Antworten sind oft ganz einfach und praktisch, zum Beispiel tief atmen oder sich ein bisschen räkeln usw. Darüber hinaus entstehen (Ziel-)Bilder in Ihrem Kopf, die Sie anziehen. Jedes Bild ist angenehm, sodass jede Antwort ein positives Gefühl auslöst. Mit jeder Antwort geht es Ihnen ein Stückchen besser. Sie nutzen die Mechanismen Ihres Gehirns und setzen Ihre mentalen Fähigkeiten erfolgreich ein, um in einen guten Zustand zu kommen.

Als Michael sich die Frage stellt: »Was kann ich im Moment tun, damit es mir besser geht?«, kommt sofort ein Impuls: »Mal kurz an die frische Luft gehen und sich die Beine vertreten!« Er geht eine halbe Stunde spazieren und fühlt sich hinterher so gut, dass er sich an seine Bewerbung macht.

Außerdem gibt es noch einen Schatz von Ressourcen, an die wir uns nur zu erinnern brauchen, damit sie uns als Kraftquellen dienen. Jeder von uns hat Qualitäten und Fähigkeiten, die ihn von anderen Menschen unterscheiden. Dazu kommt, dass jeder im Leben wertvolle, einzigartige Erfahrungen gemacht hat, von denen er später zehrt.

Oft vergisst man diese Fülle an Fähigkeiten und Erfahrungen. Das ist dann so, als ob jemand eine Menge Geld auf dem Bankkonto liegen hat, aber sich arm fühlt, wenn er in ein Geschäft geht, weil er nur ein paar Münzen im Portemonnaie mit sich herumträgt. Natürlich braucht es manchmal etwas Nachdenken, um sich daran zu erinnern, was alles auf der Bank liegt. Aber mit dem Nachdenken wird schon etwas von dem persönlichen Schatz flüssig und steht dann zur Verfügung.

Fragen wir zum Beispiel Johannes, Michael und Nicole: »Was sind deine Qualitäten und wertvollen Erfahrungen?«

Johannes zum Beispiel fällt ein, wie begeistert und intensiv er mit seinem Sohn Benedikt spielt. Außerdem kann er gut zuhören. Als wichtige Erfahrung kommt ihm wieder in den Sinn, dass er sich nach der Schule sein erstes Motorrad mit mehreren Jobs verdient hat. Enorm viel von der Arbeitswelt und von Menschen überhaupt hat er damals mitbekommen.

Michael hat erst einmal Mühe mit der Frage. Er leidet im Moment so sehr. Und eine solche Frage zieht ihn ein Stück weg vom Leiden. Schließlich nennt er als Erstes seine Zuverlässigkeit. Beruflich und privat kann man sich auf seine Zusagen verlassen. Außerdem ist er sehr zäh. Wenn er sich einmal eine Aufgabe vorgenommen hat, dann lässt er sich auch von Rückschlägen nicht entmutigen, sondern beißt sich weiter durch. Wichtige Erfahrungen, die er gemacht hat, waren die zehn Jahre als Trainer der Jugendfußballmannschaft im örtlichen Sportverein.

Und Nicole? Sie kann gut mit Menschen umgehen, außerdem erfasst sie sehr schnell komplizierte Zusammenhänge und kann sie anderen einfach vermitteln. Mit siebzehn war sie in einem internationalen Feriencamp. Die unterschiedlichen Nationalitäten zu erleben und mit ihnen in Kontakt zu kommen, war überwältigend. Noch heute steht sie mit zwei der damaligen Teilnehmerinnen in Verbindung.

Vom persönlichen Konto abheben

Welche drei Ihrer Qualitäten, Fähigkeiten oder Erfahrungen fallen Ihnen spontan ein?
Wenn Sie die Liste auf die zehn wichtigsten erweitern wollen – was kommt Ihnen noch in den Sinn?

Es geht mit diesen Fragen erst einmal um eine Bestandsaufnahme, unabhängig von der aktuellen Krise. Oft verdecken momentane Probleme den weiten Blick auf die eigene

Persönlichkeit und die eigenen Fähigkeiten. Dann besteht die Gefahr, dass das Scheitern in einer bestimmten Situation das ganze Bild ausfüllt oder verdunkelt. Treten wir einen Schritt zurück, finden wir den Überblick und kommen zu einer realistischeren Einschätzung unserer Person und unserer Fähigkeiten.

Schließlich möchte ich Ihnen noch Ideen aus dem Bereich des Sports geben. Beispiele von Leistungssportlern finde ich sehr praktisch und lebensnah. Für Athleten sind Verletzungen Zeiten der Krise. Da mag jemand in Topform auf der Siegerstraße gewesen sein – doch plötzlich wirft ihn eine Blessur aus der Bahn, und er fällt Monate zurück in Fitness und Training. Die seelische Belastung in einer solchen Situation ist meist noch höher als die körperliche.

Wer eine Krise als Herausforderung annehmen kann – so abgegriffen das heute auch schon klingt –, findet am ehesten Zugang zu seinen kämpferischen Kräften. Wie Sie im weiteren Verlauf des Buches sehen, lässt sich eine Krise nicht immer nur mit Kampfgeist bewältigen. Aber als ein wichtiger Bestandteil, als Salz in der Suppe, ist er schätzenswert.

Ich zitiere als Anregung auch für Nichtsportler Ratschläge, die James E. Loehr für verletzte Tennisspieler hat.[8] Vieles davon lässt sich gut auch auf andere Krisen übertragen.

- »Gestehen Sie sich den bevorstehenden mentalen Kampf ein und seien Sie fest entschlossen, ihn zu gewinnen. Wenn Sie außer Gefecht gesetzt sind, müssen Sie sich

[8] Loehr (2), S. 99f.

klar machen, dass Sie außer dem physischen einen sehr wichtigen psychischen Kampf bestehen müssen.

- Behandeln Sie die Verletzung wie einen listigen, sturen Gegner, der nicht fair spielt. Sie erlauben dem Gegner, zu gewinnen, wenn Ihre Einstellung negativ ist, Sie sich selbst bemitleiden und der Depression nachgeben. Aber Sie können auch den Kampf annehmen. Sie können sogar die Krise benutzen, um die mentale Stärke zu verbessern. Das tun Sie, wenn Sie positiv, engagiert und stark bleiben.
- Konzentrieren Sie sich darauf, während Ihrer Rehabilitationszeit einige positive Ziele zu verwirklichen. Das Schlechteste, was Sie mit der Extrazeit machen können, ist, herumzuliegen. Sie brauchen eine neue mentale Herausforderung, etwas, das Sie anregt. Wenn Sie schon immer lernen wollten, wie man einen Computer benutzt, dann haben Sie jetzt Zeit dazu.
- Bleiben Sie körperlich so aktiv, wie es Ihre Verletzung zulässt. Aktiv zu bleiben ist sehr wichtig, auch wenn Sie nicht Tennis spielen können. Sie erreichen damit zwei Dinge: Sie bleiben dabei körperlich fit und können schneller wieder voll Tennis spielen. Außerdem hilft Aktivität, gegen Depressionen und negative Emotionen anzukämpfen. Wenn Sie nicht laufen können, können Sie vielleicht gehen. Oder Sie können Rad fahren, schwimmen oder Sit-ups machen. Sie können Übungen für die Rumpfmuskulatur machen, woran Knie oder Fußgelenk nicht beteiligt sind. Suchen Sie nach Übungen, die Sie durchführen können, und üben Sie regelmäßig.
- Schließlich sollten Sie ein Tagebuch führen. Halten Sie Ihre Stimmungen fest, den Pegelstand Ihrer Energie und

was Sie mit Ihrer anderen Zeit tun. Zeichnen Sie Ihr mentales Auf und Ab täglich auf. Es wird Ihnen helfen, sich auf Ihr Ziel zu konzentrieren und durchzuhalten. Verletzungen sind im Sport unvermeidlich. Sie sind ein Teil der Herausforderung. Mit der rechten Einstellung kann eine erzwungene Pause dazu dienen, die ›Batterien‹ wieder aufzuladen und vor dem Ausbrennen zu bewahren. Durch Nachdenken können Sie zu einem besseren Verständnis Ihres Spiels und Ihres Wettkampfstils kommen. Auf lange Sicht gesehen, sind es eher Ihre Reaktionen auf Ihre Verletzungen als die Verletzung selbst, die den größten Einfluss auf Ihre Tenniskarriere haben.«

Die Kraft direkt in die Krise installieren

»Himmelhoch jauchzend – zu Tode betrübt«: Auch wenn diese Extreme nicht ganz genau die Zustände beschreiben, die ich meine, so weisen sie doch auf die Gegensätzlichkeiten hin, die jeder in sich trägt. Grundsätzlich können wir bei uns zwei ganz und gar konträre Zustände unterscheiden, auch wenn sie sich im Alltag oft nicht so rein und klar getrennt darstellen.

Wie heißt es so schön? Lieber unheimlich gut drauf als total untendurch. Es gibt den positiven Zustand, in dem wir unser Potenzial und unsere Ressourcen ausschöpfen. Alle unsere Fähigkeiten und Kräfte stehen uns zur Verfügung. Geistig sind wir klar und können Ideen entwickeln. Gefühlsmäßig fühlen wir uns in einem Hochzustand. Körperlich sind wir entspannt und gleichzeitig voller Tatkraft.

Dann gibt es den negativen Zustand der Blockade. Hier

sind wir abgeschnitten von unseren Kräften und erleben uns in einer Sackgasse. Problemen stehen wir hilflos gegenüber. Geistig sind wir wenig bei der Sache oder ständig auf einen bestimmten Gedanken fixiert. Gefühlsmäßig erfahren wir uns als überfordert, niedergeschlagen, oder wir sind hilflos. Körperlich stehen wir unter Druck, sind angespannt oder kraftlos.

Jeder von uns kennt die zwei Extremzustände. Im Alltag befinden wir uns mal dem einen, mal dem anderen Pol näher. Obwohl wir gern möchten, schaffen wir es meistens nicht, nur durch eine Willensanstrengung vom negativen in den positiven Zustand zu gelangen. Es ist, als ob sich eine innere Barriere dem entgegenstellt.

Im blockierten Zustand erleben wir uns als begrenzt, unfähig und schwach. Wir drehen uns im Kreis, ohne die Kraft zu finden, aus dem Kreislauf auszutreten. Das, was wir gerade jetzt besonders stark bräuchten, unsere Ressourcen nämlich, ist verloren gegangen. Das sind typische Kennzeichen der Krise.

Oft scheint es so, als ob in unserem Kopf die Erinnerungen an blockierte Situationen und die an Ressourcen in weit auseinander liegenden Orten gespeichert sind. In einer positiven Lage haben wir deshalb alle Erinnerungen an blockierte Situationen vergessen, genau wie wir uns umgekehrt in der Krise keiner der Stärken entsinnen, die uns aus der vertrackten Angelegenheit heraushelfen könnten.

Die Kunst ist es, die Ressourcen mit den Blockaden zu verbinden, um die Kräfte während und in der Krise zu wecken.

Fähigkeiten für schwierige Situationen nutzen

Denken Sie an Ihre drei Qualitäten, Fähigkeiten oder Erfahrungen, die Ihnen vorhin spontan eingefallen sind.
Was davon könnten Sie in der gegenwärtigen Situation – ob Krise oder nicht – auf welche Weise nutzen? Wie könnte es sich auswirken, wenn Sie die Fähigkeiten hier mehr einsetzten?

So überlegt Johannes, wie ihm seine Fähigkeiten und Erfahrungen jetzt helfen können. Er spielt begeistert mit seinem Sohn, kann gut zuhören und zehrt von seinen ersten Jobs als Jugendlicher. Bei den Gedanken daran wird ihm klar, dass wahlloser, einsamer Fernsehkonsum, immer in Begleitung einer Flasche Wein, ihm auf Dauer eher schadet als nutzt. Er muss aktiver werden, sich mehr bewegen und häufiger unter Leute, wird ihm klar.

Und Michael tut vor allem die Erinnerung an seine Zähigkeit gut. Wäre es nicht wieder mal an der Zeit, sich auf diese alte Tugend zu besinnen, statt sich unterkriegen zu lassen?

Ich möchte Ihnen noch eine überraschend wirksame Technik aus dem NLP, dem neurolinguistischen Programmieren, vorschlagen, um Ressourcen in die Krisensituation zu bringen. Sie bezieht den Körper und die Sinne mit ein, außerdem lässt sie den Verstand ein Stück weit an der Seite. Probieren Sie sie doch einmal aus, wenn Sie zehn Minuten Zeit haben, in der Sie nicht gestört werden. Sie heißt »Krafthand und Krisenhand zusammenbringen« (siehe Kasten).

Diese Methode funktioniert dadurch, dass negative und positive Gefühle mit der Empfindung von jeweils einer Hand gekoppelt (»geankert«) werden. Die Gefühle werden dadurch noch verstärkt, dass wir ihnen auf anderen Sinneskanälen begegnen, auch mit den Augen und mit den Ohren.

Krafthand und Krisenhand zusammenbringen

Setzen Sie sich entspannt hin, wobei Sie die linke und die rechte Hand mit der Handfläche nach oben getrennt voneinander auf die beiden Oberschenkel oder neben Ihren Körper legen.

Erinnern Sie sich jetzt genau und lebhaft an eine Situation, in der Sie Kraft und Selbstvertrauen empfunden haben...

Dann stellen Sie sich vor, dass diese Kraft und das Selbstvertrauen in eine Ihrer Hände, links oder rechts, fließt. Diese Hand nenne ich ab jetzt »Krafthand«. Spüren Sie das besondere Gefühl in Ihrer Krafthand...

Wenn die Kraft eine Farbe wäre – um welche handelte es sich? Lassen Sie sich überraschen, welche vor dem inneren Auge auftaucht... Schauen Sie die Farbe an und lassen Sie sie dann in der Vorstellung in Ihre Krafthand fließen...

Wenn die Kraft und Freude eine Melodie wären – um welche handelte es sich? Lassen Sie sich überraschen, welche Melodie in Ihrem Inneren erklingt, ganz gleich, ob es ein Kinderlied, ein Schlager oder eine klassische Melodie ist... Lassen Sie dann auch die Musik in Ihre Krafthand fließen...

Nachdem Sie sich mit der Kraft verbunden haben, geht es nun auf die andere Seite, nämlich zur Blockade!
Erinnern Sie sich jetzt genau und lebhaft an einen konkreten Moment Ihrer Krise, in dem es Ihnen schlimm ging oder geht...
Dann stellen Sie sich vor, dass die negativen Gefühle in die andere Hand fließen. Diese nenne ich ab jetzt »Krisenhand«. Spüren Sie die ganzen Gefühle in Ihrer blockierten Hand...
Wenn die negativen Gefühle eine Farbe wären – um welche handelte es sich? Lassen Sie sich überraschen, welche vor dem inneren Auge auftaucht... Schauen Sie die Farbe an und lassen Sie sie dann in Ihrer Vorstellung in die Krisenhand fließen...
Wenn die negativen Gefühle eine Melodie wären – um welche handelte es sich? Lassen Sie sich überraschen, welche Melodie in Ihrem Inneren erklingt, ganz gleich, woher die Musik stammt... Lassen Sie dann auch diese Klänge in Ihre Krisenhand fließen...

Nun geht es darum, beides zusammenzubringen!
Spüren Sie einen Moment lang die linke und die rechte Hand und wie Sie selbst in Ihrer Mitte leer und entspannt sind. Dann bringen Sie ganz langsam, fast unmerklich, beide Hände zusammen, bis sie sich berühren...
Spüren Sie die Berührung und stellen Sie sich vor, wie die Gefühle, Farben und Melodien sich mischen... Schauen Sie nach innen, welche neue Farbe entsteht... Hören Sie, welche neue Melodie jetzt in Ihrem Inneren ertönt...
Dann spüren Sie nach, was sich an Ihrem Gefühl zur Krise verändert hat.

Lassen Sie weg, was Ihnen zu kompliziert ist! Diese Technik können Sie für jede Situation nutzen, in der Sie blockiert sind und in der Sie nicht wissen, wie Sie an Ihre Kraftquellen kommen. Sinnvollerweise überlegen Sie zunächst, welche Ressourcen für die jeweilige Situation die richtigen wären. Dann erinnern Sie sich daran, wann Sie die Ressourcen schon einmal stark in Ihrem Leben empfunden haben.

So findet Nicole, dass sie vor allem inneren Abstand zu ihren Ängsten braucht, und sucht nach Erinnerungen daran, dass sie schon einmal eine solche oder ähnliche Distanz empfunden hat. Sie muss länger überlegen, bis ihr ein Südamerikaurlaub vor drei Jahren einfällt. Damals hatte sie wirklich enormen Abstand zu allem gefunden. Diese Ressource verbindet sie mit ihrer Krafthand und bringt sie in ihre Krisensituation. Jetzt erlebt sie, wie sie eine passable Distanz zur aktuellen Lage findet.

Aus dem Abstand heraus Lösungen finden

Bisher haben wir danach gesucht, Ressourcen aus guten Situationen, Qualitäten, Eigenschaften und Erinnerungen zu ziehen, so wie eine Biene den Honig aus den Blüten saugt. Je lebhafter wir die positiven Bilder erleben, desto stärker ist die gute Wirkung, desto schmackhafter der Honig.

Aber unser Gehirn kennt noch einen anderen Mechanismus, der uns in Krisenzeiten nutzt. Jeder Mensch ist in der Lage, auch aus den Bildern zu treten und sie von außen mit weitaus weniger Emotionen zu betrachten. Je besser jemand das kann, desto objektiver wird er seine Situation analysieren und dabei entdecken, welche nächsten Schritte angesagt und erforderlich sind.

Um einen guten Abstand zu schaffen, können Sie als Einstieg eine Übung durchführen (siehe Kasten). Wieder ist das Ziel nicht, die Krise zu verdrängen und zu hoffen, dass sie von allein vergeht, wenn sie nur lange genug mental verpackt war. Die Entspannung bietet vielmehr die optimale Grundlage, um sich in eine gute Richtung zu bewegen. Neue Ideen werden wach, wie Sie mit der Situation am besten umgehen. Gleichzeitig wächst mit der realistischen Einschätzung aus der Distanz das Vertrauen, die Krise zu bewältigen.

Abstand schaffen

Spüren Sie in den Körper hinein, und nehmen Sie die Spannung wahr, die die Krise verursacht. – Sie haben jetzt zwei Möglichkeiten:

- Sie stellen sich bildlich vor, wie Sie die Krise in einen Sack, eine Kiste oder Ähnliches packen und diesen Behälter an einen schönen Platz stellen, der ihr gut tut.
- Manchmal ist es einfacher, sich tatsächlich einen passenden Gegenstand symbolisch für die Krise zu nehmen, zum Beispiel eine Schere, ein Streichholz usw. Legen Sie ihn auf einem Tisch oder auf dem Boden so nahe an sich heran, wie Sie die Krise in Ihrer Nähe spüren. Anschließend rücken Sie den Gegenstand in eine Distanz, die angenehm ist. Schauen Sie, ob der Abstand genügend groß ist. Dann erfahren Sie körperlich, um wie viel leichter Sie sich jetzt fühlen.

Spüren Sie in Ihrem Körper den inneren Raum und die Entspannung, die Sie jetzt gewonnen haben.

Der Abstand kann aber noch umfassender werden, indem Sie auch sich selbst einbeziehen (siehe den Kasten »Sich in der Krise von außen sehen«). Manche Menschen haben einen leichten Zugang zu dieser Art von Bildern. Andere tun sich schwerer und brauchen mehr Übung.

Sich in der Krise von außen sehen

Stellen Sie sich vor, dass Sie als aufmerksamer Beobachter irgendwo von oben sich selbst in Ihrer aktuellen Situation sehen können.
Was fällt Ihnen auf? Achten Sie auf Einzelheiten, die Sie bei sich entdecken, besonders auf Ihre Haltung und Ihren Gesichtsausdruck.
Was fällt Ihnen an der gesamten Situation als neutraler Beobachter von außen auf?
Gibt es irgendeinen Vorschlag zur Verbesserung, den Sie sich selbst machen können?

Manchmal hilft ein kleiner gedanklicher Umweg, um die eigene Situation von einer anderen Warte aus beurteilen zu können und neue Ideen zu gewinnen. Die nächste Frage ist wie ein Trick, der Sie veranlasst, sich und Ihre Situation von außen zu betrachten:

Einen guten Freund in der Krise beraten

Stellen Sie sich vor, ein sehr guter Freund von Ihnen befindet sich ein halbes Jahr später in genau der gleichen Situation wie Sie jetzt. Er kommt zu Ihnen und bittet Sie um einen Rat, gerade weil Sie seine Lage ja kennen und auch schon durchgemacht haben.
Welchen guten Rat können Sie Ihrem Freund geben?

Erstaunlicherweise vermögen wir andere in der gleichen Situation viel besser zu beraten, als wenn wir selbst in der Klemme sitzen. Das bringen der Abstand und die Sichtweise von außen mit sich. Deswegen muss ein Berater oder Coach auch nie alle Probleme selbst schon gelöst haben. Von seiner Perspektive aus kann er trotzdem hilfreich werden.

Deswegen ziehen Sie aus allen Fragen einen Nutzen, die Sie in eine Position bringen, in der Sie sich aus einer anderen Warte sehen müssen. Der Wechsel des Standpunkts ist immer hilfreich. Denn von außen haben Sie andere Wahrnehmungen, als wenn Sie nur auf Ihre Stimmungen und Gefühle im Inneren achten.

Hier noch einige Beispiele:

Was sagen Außenstehende?

Wenn Sie Ihre Partnerin/Ihren Partner fragten, was würde sie/er zu Ihrer Krise sagen?
Wenn Sie Ihre Mutter/Ihren Vater fragten, was würde sie/er zu Ihrer Krise sagen?
Falls Ihnen jemand einfällt, zu dessen Urteil Sie großes Vertrauen haben – welchen Rat gäbe er Ihnen für Ihre Krise?

Indem Sie diese Fragen beantworten, kommen Sie in Kontakt mit eigenem Wissen, zu dem Ihnen sonst oft der Zugang fehlt. Je umfassender die Perspektive ist, die Sie gewinnen, desto mehr Möglichkeiten werden Ihnen bewusst.

Aus eigener Erfahrung schätze ich eine kleine, unscheinbare Übung, die die Distanz und das Spüren der Ressourcen kombiniert. Sie hilft, den guten Zustand zu nähren.

Beispielsweise fühlt Johannes sich gerade abends sehr einsam. Außerdem hat er einen Schnupfen, und heute gab's Ärger bei der Arbeit. Ah! Und das Auto braucht neue Reifen. Johannes setzt sich hin und fängt an: »Abgesehen von den neuen Reifen, die das Auto braucht, abgesehen von meinem Ärger bei der Arbeit, abgesehen von meinem Schnupfen und abgesehen von meiner Einsamkeit … von alldem abgesehen, geht es mir gut.«

Davon abgesehen, geht es mir gut

Von was müssen Sie alles im Moment absehen, damit es Ihnen gut geht?

Wer in einer Krise nach jedem Strohhalm greifen möchte, um ein Stück herauszukommen, der mag es doch einmal mit einem derartigen Satz probieren. Mit dieser Formulierung erreichen Sie, dass Sie alles aktuell Negative benennen, es ein Stück beiseite schieben und das Gute, das darunter liegt, mehr spüren.

Zum Vertiefen

Wer speziell an Hintergründen interessiert ist, wie unser Gehirn an ressourcenvollen glücklichen Zuständen beteiligt ist, der findet eine Fülle spannenden Materials in Stephan Kleins Buch *Die Glücksformel oder Wie die guten Gefühle entstehen* (siehe Literaturverzeichnis).

Falls Sie sich mehr mit den Möglichkeiten, Ihre geistigen Fähigkeiten zu nutzen, auseinander setzen wollen, empfehle ich Ihnen mein Buch *Erfolgstraining – nicht nur für Manager. Mit NLP und Mentalem Training zu innerer Zufriedenheit und beruflichem Erfolg.*

Kapitel III
Dem Sumpf der Hilflosigkeit entkommen

In Krisen steht uns das Wasser bis zum Hals. Alle Kräfte sind gefordert, um die Situation erfolgreich zu überstehen. Doch nur allzu oft machen sich die Stärken aus besseren Tagen aus dem Staub. Wie kommt das?

Seit mehr als 35 Jahren untersucht der amerikanische Forscher Martin Seligman das Phänomen, dass jemand in Schwierigkeiten und Krisen kampflos aufgibt, passiv wird und Energie und Lebensfreude verliert. Seine Ergebnisse sind überraschend, spannend und anregend zugleich. Sie zeigen nicht nur Ursachen dieses Phänomens, sondern auch Wege zu seiner Veränderung.

Das Wesentliche: Passivität ist erlernt. Sie ergibt sich als eine Konsequenz von Gedanken, mit denen wir uns Situationen unseres Lebens erklären. Diese Gedanken können auch wieder verlernt werden, denn sie sind veränderbar. Damit beeinflussen wir unser Handeln und damit die Zukunft.

Seligman betont: »Diese Fähigkeiten wurden nicht von Pseudowissenschaftlern oder von den Massenmedien erfunden, sondern wurden in den Labors und Kliniken führender Psychologen und Psychiater entwickelt und dann unter strengen Maßstäben auf ihre Gültigkeit überprüft.«[9]

[9] Seligman (1), S. 12.

Wie Passivität erlernt wird

Wodurch kann es so weit kommen, dass ein Mensch in der Krise nicht mehr die Kraft findet, die Situation zu verändern, sondern stattdessen hilflos leidet? Bahnbrechend für die folgenden Erkenntnisse war ein Tierexperiment 1964 in den USA.[10]

Es begann mit einem Fehlschlag. Die Experimentatoren waren verstört, weil ein geplantes Lernexperiment ein Fiasko wurde. Sie hatten zunächst Hunden beigebracht, dass sie mit einem bestimmten Ton einen leichten elektrischen Schlag bekamen (etwa so stark, wie wenn man an einem trockenen Wintertag einen Türgriff berührt). Nach kurzer Zeit hatten die Hunde beim Hören des Tons gelernt, was ihn begleitete. Sie reagierten auf das akustische Signal schon genauso ängstlich wie auf den elektrischen Schlag.

Dann sollte das eigentliche Experiment beginnen: Die Hunde waren in einem Käfig mit einer niedrigen Wand. Sie sollten erst lernen, bei dem elektrischen Schlag über die Trennwand zu springen, um dem Schock zu entgehen – normalerweise kein Problem für einen Hund. Später sollte daraufhin im Experiment probiert werden, ob sie schon dann über die Trennwand springen würden, wenn nur der bestimmte Ton zu hören wäre.

Aber etwas Unerwartetes, fast Erschreckendes geschah. Als man mit den Schocks angefangen hatte, rührten sich die Hunde im Käfig nicht mehr. Sie legten sich einfach winselnd hin und unternahmen nicht einmal den geringsten

[10] Ebenda, S. 30f.

Versuch, den Schocks zu entkommen. Irgendetwas stimmte nicht mehr mit ihnen.

Was war geschehen? Wie konnte man nur dieses unglückselige Verhalten begreifen?

Die Tiere mussten etwas gelernt haben, was sie zu dieser Passivität brachte. Zu Beginn des Experiments hatten sie noch alles versucht, dem Schlag zu entgehen. Wenn sie den Ton hörten, auf den dann der elektrische Schock folgte, hatten sie gebellt und gewinselt, oder sie waren still geblieben, in die Höhe gesprungen und in die Käfigecke gerannt. Sie hatten alles getan, was sie tun konnten – und nichts half ihnen, dem Schlag zu entgehen.

Die Hunde hatten etwas Entscheidendes gelernt: dass es nicht in ihrer Macht stand, etwas zu ändern und diesen Schlägen zu entkommen. Und deshalb waren sie bei dem neuen Schock im Käfig liegen geblieben, obwohl ein kleiner Sprung sie gerettet hätte.

Dieser Gedanke war erst einmal schwer zu glauben. Aber viele weitere Versuche bestätigten die Vermutung. Immer wenn es kein Entrinnen gab, wenn ein Hund keine Möglichkeit hatte, die Schocks zu beeinflussen, wurde Passivität gelernt. Hatten die Hunde einmal gelernt, dass ihr Handeln vergeblich war, gaben sie später jeden Versuch auf.

Ließ sich diese Passivität auch wieder verlernen? Ja, wenn die Hunde die Erfahrung machten, dass ihr Handeln eine Wirkung darauf hatte, ob sie einen Schock bekamen oder nicht. Dazu mussten die Experimentatoren etwas Mühe aufwenden und die Hunde, die im Käfig lagen und passiv blieben, einige Male über die Trennwand zerren. Als die Tiere dann bemerkten, dass sie auf der anderen Seite schockfrei blieben, entdeckten sie, dass ihr eigenes Handeln etwas bewirkte. War dies einmal gelungen, blieb die Heilung dauerhaft. Die Hunde fielen nie mehr zurück in die alte Passivität.

Menschen sind in vielen ihrer Reaktionen komplizierter und komplexer als Tiere. Sie sind ja (und sie legen großen Wert auf diese Feststellung) auch wesentlich intelligenter als Tiere. Ist es denkbar, dass Passivität bei ihnen auf ähnliche Art erzeugt werden kann?

Der Forscher Donald Hiroto wagte sich an ähnliche Versuche mit Menschen.[11] Diesmal wurden die Versuchspersonen mit Lärm gequält. Eine Gruppe konnte die Geräusche abstellen, wenn sie die richtige Kombination von Knöpfen auf einem Schaltpult drückte. Die zweite Gruppe konnte tun, was sie wollte – der Krach hörte nicht auf. Die dritte Gruppe blieb lärmfrei.

Dann kamen die Versuchspersonen in einen neuen Raum mit einem Apparat, den sie beeinflussen konnten. Mit der Hand auf der einen Seite gab es ein unangenehmes, zischendes Geräusch. Legte man die Hand auf die andere Seite, hörte das Geräusch auf.

Die Ergebnisse waren so beeindruckend, weil sie genau den Hundeexperimenten entsprachen. Alle Personen, die gelernt hatten, den Lärm vorher abzustellen, und diejenigen, die gar keinen Krach gehört hatten, erfassten problemlos, was sie tun mussten, damit es still wurde. Schockierend war die Reaktion der zweiten Gruppe, die den Lärm hatte aushalten müssen: Zwei Drittel von ihnen waren hilflos geworden und unfähig, das Gerät auszuschalten. Sie versuchten es nicht einmal, sondern erduldeten die Quälerei. Sie hatten

[11] Ebenda, S. 40f.

verinnerlicht, dass es sinnlos war, etwas ändern zu wollen. Sie übertrugen einfach ihre vorher gemachte Erfahrung auf die zweite.

Die Parallelen zum Verhalten von Michael und Johannes sind verblüffend. Nach einem Verlust braucht es zwar immer erst eine Zeit der Passivität, damit die schmerzliche Erfahrung verarbeitet wird. Man muss erst einmal »seine Wunden lecken«. Aber danach kommt natürlicherweise die Zeit, in der Handeln und Neubeginn wieder angesagt sind, um die unangenehme aktuelle Situation zu verändern.

Michael und Johannes bleiben jedoch in den belastenden Umständen, in dem täglichen Müßiggang und in der Einsamkeit vergraben. Haben vielleicht auch sie irgendwann in ihrem Leben Passivität gelernt, weil in der damaligen schmerzhaften Situation ihr Bemühen keinen Einfluss auf eine Veränderung hatte?

Denn wenn solche grundlegenden Reaktionen so schnell in einem Experiment gelernt und übertragen werden – wie mag es sich dann erst auswirken, wenn jemand in seinem Leben, insbesondere als Kind, wiederholt die Erfahrung macht, hilflos zu sein? Wenn er nicht fähig war, damals etwas an dem, was ihn quält, zu verändern! Vermutlich wird er später in der Krise dazu neigen, passiv zu sein, die Hände in den Schoß zu legen und zu verzweifeln.

Nicoles Situation ist etwas anders gelagert. Die Menschen rings um sie herum verlieren ihren Arbeitsplatz. Sie sieht die Bedrohung näher auf sich zukommen, wird immer ängstlicher und weiß nicht, wie sie ihr entfliehen kann. Wenn ein Hund bei einem Experiment etwas Ähnliches erlebte, dann müsste er mit anschauen, wie seine Artgenossen Stromschläge bekommen, gegen die sie sich nicht wehren können. Die anderen winseln und jaulen. Es trifft immer mehr Hunde in seiner Nähe, sodass es nur eine Frage der Zeit ist, wann er selbst an die Reihe kommt. Kein Wunder, dass die Angst steigt und dass die Spannung und Verzweiflung der anderen auf ihn überspringen.

Bevor wir zu den Lösungsmöglichkeiten schauen, werfen wir noch einen weiteren Blick auf die Hintergründe, warum die einen in der Krise aktiv werden und die anderen passiv gelähmt bleiben.

In Krisen: Optimisten handeln, Pessimisten geben auf

Den entscheidenden Unterschied, wie jemand in einer Krise reagiert, machen nach Seligmans Forschungen sein Pessimismus und sein Optimismus aus. Hunderte von Untersuchungen haben ergeben, dass Pessimisten leichter aufgeben und öfters depressiv werden![12] Dabei sind Pessimismus und Optimismus Geisteshaltungen, die sich aus bestimmten gedanklichen Denkmustern zusammensetzen.

Wenn Pessimisten in die Krise kommen, dann sind sie davon überzeugt, dass das Unerfreuliche immer weitergeht, ihr gesamtes Leben dadurch unerfreulich wird und dass sie selber schuld daran sind. Die Optimisten erleben die gleichen harten Schläge, doch sie denken über das Geschehene anders. Sie glauben, dass das Unglück wieder vorübergehen wird, und suchen nach äußeren Gründen

[12] Ebenda, S. 11.

(die Situation, andere Leute, Pechsträhne), warum es so weit gekommen ist. Deshalb betrachten sie die Schwierigkeiten als Herausforderung und strengen sich besonders an.

Die Ergebnisse der Experimente und weiter reichenden Untersuchungen von Seligman sind eindeutig: Wer handelt, hat auch eine optimistische Grundhaltung. Wer passiv bleibt und aufgibt, zeigt die pessimistische Haltung. Umgekehrt gilt es genauso: Will man herausfinden, wer Krisen gut bewältigt, stößt man auf Optimisten. Die Pessimisten sind diejenigen, die die Hände in den Schoß legen.

Und nun? Hat also, wer Pessimist ist, einfach Pech gehabt? Muss er in seiner Krise bleiben, weil er ein Negativdenker ist? Können alle Leser, die sich für Schwarzseher halten, dieses Buch nun deprimiert beiseite legen, weil es ohnehin keinen Zweck hat? (Außerdem sind sie als Pessimisten ja sowieso davon überzeugt, dass sie selbst schuld an allem sind.)

Um eine Antwort zu finden, ist es erst einmal zweckmäßig, die verschiedenen Denkmuster und -richtungen zu erforschen, in denen sich Optimisten und Pessimisten unterscheiden. Wer neugierig ist, kann sich über die nächsten Übungen selbst ein Stück mehr einschätzen. Anhand von einigen Fragen, die aus dem umfangreichen Testbogen[13] von Seligman stammen oder ihnen nachgebildet sind, können Sie sich ein erstes Bild machen.

[13] Ebenda, S. 78ff.

Optimist oder Pessimist (1)

Entscheiden Sie sich spontan für A oder B, ohne sich dabei Gedanken zu machen, was wohl »richtig« ist oder was der Hintergrund der Frage sein könnte!

Sie wollten letzte Woche eine Bewerbung an eine neue Firma abschicken, haben den Termin aber verpasst.

A Ich schiebe meine Termine immer zu lange auf.

B Ich war letzte Woche zu faul, die Bewerbung rechtzeitig abzuschicken.

Sie geben eine Einladung zum Abendessen, und es wird ein gelungener Abend.

A Ich war an jenem Abend besonders charmant.

B Ich bin ein guter Gastgeber/eine gute Gastgeberin.

Menschen, die leicht aufgeben, halten die Gründe, die zu ihren Schwierigkeiten führen, für beständig und dauerhaft. Sie sind überzeugt, dass die Ursachen anhalten und ihr Leben für immer beeinträchtigen werden. Sie glauben, dass es an ihrer Unfähigkeit, Dummheit oder einem Mangel an Begabung liegt – oder auch an dauerhaften äußeren Umständen, die sie nicht beeinflussen können. Wenn sie einen Termin verpassen, dann ist ihre Erklärung: »Ich schiebe meine Termine *immer* zu lange auf.« Deshalb finden sie auch nicht die Kraft, zu handeln. Es hat ja doch keinen Zweck!

Wer optimistisch die Ursache für zeitweilig und vorübergehend hält – also zum Beispiel Erschöpfung, schlechte Laune, ein kurzfristiger wirtschaftlicher Einbruch –, der wird aktiv, weil er überzeugt ist, an seiner Situation etwas verändern zu können: »Ich war letzte Woche zu faul, die Bewerbung rechtzeitig abzuschicken.« Aber diese Woche kann es ja ganz anders laufen!

Umgekehrt ist es bei erfreulichen Ereignissen. Erfolgreiche, optimistische Menschen glauben an dauerhafte Gründe für gute Ereignisse. Wenn der Abend gelungen war, kann es nur eine Ursache geben: »Ich bin ein guter Gastgeber!« Deshalb strengen sie sich beim nächsten Mal noch mehr an. Das Glück oder die Begabung stehen ja auf ihrer Seite!

Die Pessimisten dagegen glauben, dass die Ursachen für das Erfreuliche nur zeitweilig sind. Sie waren halt – ausnahmsweise – an diesem Abend als Gastgeber besonders charmant. Aber wer weiß, was das nächste Mal ist! Deshalb geben sie eher auf, auch wenn sie erfolgreich waren, weil sie glauben, nur Glück gehabt zu haben. Es war ja nur ein Zufall…

Und nun entscheiden Sie sich bei der folgenden Auswahl wieder spontan für A oder B:

Optimist oder Pessimist? (2)

Ihr Geliebter/Ihre Geliebte möchte eine Weile auf Abstand gehen.
A Ich bin zu egoistisch.
B Ich verbringe nicht genug Zeit mit ihm/mit ihr.

Ein Freund dankt Ihnen für Ihren Beistand in einer schweren Zeit.
A Ich stehe ihm in schweren Zeiten gern bei.
B Ich kümmere mich gern um Leute.

Hier geht es darum, ob jemand globale, umfassende Begründungen hat oder spezifische für den Einzelfall.

Wer globale Erklärungen für Fehlschläge gibt (»Ich bin zu egoistisch«), resigniert pessimistisch in vielen Bereichen, wenn ein Misserfolg auf einem einzigen Gebiet kommt. Wer sich für zu egoistisch hält, schreibt sich einen umfassenden Charakterfehler zu, der ihn auch im Umgang mit anderen Menschen beeinträchtigt. Jemand, der als Pessimist beharrlich in der Krise lebt, findet dauerhafte, globale Gründe für sein Unglück. Solche Menschen brechen unter Druck leicht zusammen und brauchen dann lange, bis sie wieder aus diesem Zustand herausfinden.

Wer dagegen spezifische Erklärungen für einen Misserfolg gibt (»Ich hätte mehr Zeit mit ihm oder ihr verbringen sollen«), der mag vielleicht in dieser Beziehung resignieren, aber auf den anderen Gebieten seines Lebens kann er unerschrocken und optimistisch weitermachen.

Wer hoffen will, aus der Krise wieder herauszukommen, muss sein Unglück als vorübergehend und nur auf einen Teil seines Lebens beschränkt sehen. Er kann gleichzeitig wahrnehmen, welche Bereiche seines Lebens krisenfrei sind, zum Beispiel die Gesundheit. Ihm geht es da gut wie vielen anderen auch oder sogar noch besser.

Michael hat einen gleichaltrigen Arbeitsgenossen Manfred, der mit ihm entlassen worden ist. Auch Manfred bringt es wie Michael monatelang nur schwer über sich, nach einer neuen Arbeit zu suchen. Beide wollen keine Stellenanzeigen lesen, weil sie sich sowieso schon als zu alt einschätzen. Der Gedanke an den Beruf deprimiert sie beide in gleicher Weise.

Michael zieht sich inzwischen immer mehr von seiner

Frau zurück. Er weigert sich, Freunde zu besuchen, und grübelt jetzt auch allabendlich. Er lacht nicht mehr und klagt in letzter Zeit ständig über Kopfweh. Manfred dagegen bleibt ein liebevoller Ehemann, der sich nun mehr und mehr am Haushalt beteiligt, seiner Frau die Einkäufe abnimmt und mit ihr den nächsten Urlaub plant. Da er ausgeruhter ist, trifft er sich häufiger mit Freunden und widmet seinem Hobby mehr Zeit, den Basteleien am Auto.

Der Unterschied zwischen Manfred und Michael ist groß. Ersterer sieht sein Pech auf einen Teil seines Daseins beschränkt, in anderen Bereichen kann er sogar noch besser weiterleben. Michael sieht seine ganze Existenz zerstört. Nichts macht ihm mehr Freude und befriedigt ihn.

Und wie reagieren Optimisten und Pessimisten, wenn etwas Gutes geschieht? Genau umgekehrt. Pessimisten glauben hier an eine spezielle Ursache. »Diesem speziellen Freund habe ich gern beigestanden.« Sie haben doch sonst auch nie Erfolg oder Glück, also ist es eine Ausnahme aus einem besonderen Grund, denken sie in ihrem Hinterkopf. Die Optimisten hingegen gehen fröhlich davon aus, dass der Dank grundsätzliche Ursachen hat – weil sie sich ja eigentlich immer gern um Leute kümmern.

Schließlich gibt es ein drittes grundlegendes Denkmuster:

Optimist oder Pessimist? (3)

Sie verfahren sich auf dem Weg zu Ihren Freunden.
A Ich habe eine Abzweigung verpasst.
B Meine Freunde haben mir den Weg schlecht erklärt.

Das Projekt, das Sie leiten, ist ein großer Erfolg.
A Ich habe die Arbeit aller Mitarbeiter streng überwacht.
B Alle Mitarbeiter haben viel Zeit und Kraft hineingesteckt.

Wenn etwas Unerfreuliches geschieht, können wir uns selbst die Schuld geben oder die Ursache außerhalb von uns suchen, zum Beispiel bei anderen Menschen oder den unglücklichen Umständen. Pessimisten geben sich bei Fehlschlägen eher selbst die Schuld. Beim Gelingen eines Unterfangens dagegen suchen sie die Ursache nicht bei sich, sondern in ihrem Umfeld. Sie trauen sich wenig zu und haben ein schwaches Selbstwertgefühl.

Bei Optimisten ist es umgekehrt. An Fehlern, falls sie sich etwa verfahren, sind andere schuld; und wenn das von ihnen geleitete Projekt erfolgreich ist, suchen sie den Verdienst zuerst bei sich.

Hier muss der Optimist aufpassen. Denn ein übertriebenes Selbstwertgefühl hindert ihn daran, an eigenen Fehlern und Defiziten zu arbeiten. Es schwächt womöglich, wenn man bei Fehlschlägen immer nur die Verantwortung außerhalb von sich selbst sieht. Denn wie will sich jemand ändern, wenn er stets nur den äußeren Umständen die Schuld gibt?

So ist es ein Nachteil des Wortes »Mobbing«, dass man mit diesem Begriff eine Erklärung dafür zu haben glaubt, warum man von anderen abgelehnt wird. Der Betroffene schaut dann nicht mehr, ob er vielleicht selbst ein unangenehmes Verhalten an den Tag legt, dessentwegen ihn die anderen meiden. »Ich habe meinen Arbeitsplatz verloren, weil ich gemobbt wurde«, das kann als einzige Erklärung zu dürftig und deshalb unfruchtbar sein.

Das Selbstwertgefühl wird in seinen Auswirkungen oft überschätzt. Nicht das Selbstwertgefühl ist der ausschlaggebende Faktor, ob jemand in einer Krise die Füße wieder auf den Boden bekommt oder nicht! Um aus einer Krise zu kommen, ist es viel wichtiger, ob wir uns lang andauernde Ursachen für unser Unglück vorstellen und ob wir alle Lebensbereiche davon erfassen lassen.

In vielen Aussagen stecken Kombinationen der drei aufgeführten Faktoren. Wie lautet zum Beispiel Ihre spontane Antwort auf die nächste Frage?

Kombinationen

Sie verlieren Ihren Arbeitsplatz. Wie erklären Sie sich das?
A Ich habe in der falschen Firma gearbeitet.
B Die Globalisierung frisst alle Arbeitsplätze auf.

Wer A sagt, sieht zwar die Ursache der Entlassung im eigenen Handeln. Aber er benennt eine sehr spezielle Ursache, die nicht dauerhaft für alle Arbeitsplätze gilt. Da hat zwar jemand einen Fehler gemacht, doch ansonsten sieht die Zukunft hoffnungsvoll aus.

Ganz anders die Antwort B. Hier erstreckt sich die Ursache der Entlassung auf alle Arbeitsplätze und dauert mindestens das nächste Jahrzehnt. Wer so denkt, der muss sich keine persönliche Schuld an der Entlassung geben und wird doch jeglichen Schwung und jede Initiative verlieren.

Entscheidend für die Handlungsfähigkeit in einer Krise ist also, dass wir sie mit vorübergehenden Ursachen erklären und dass wir sie auf einen möglichst engen Sektor unseres Lebens begrenzen. – Aber was ist mit der Realität?!

Pessimisten, Optimisten und die leidige Realität

Kommt es denn nicht auf die Wahrheit unserer Erklärungen an? Angenommen, die Globalisierung fräße wirklich die meisten Arbeitsplätze (man beachte schon die Wirkung des kleinen Unterschieds zu »*alle* Arbeitsplätze«) – lügt sich dann nicht jemand in die Tasche, wenn er so tut, als ginge es nur um sein kleines Unternehmen oder die eigene Branche?

Die Grundsatzfrage stellt sich: Wer hat denn nun eigentlich Recht, wenn er auf die Realität schaut? Der von der Krise gebeutelte Pessimist, der depressiv die Welt eher trüb und grau sieht, oder der Optimist, bei dem alles, auch das Hässliche und Trübe, in leuchtenden Farben erscheint?

Wie die Welt »wirklich« ist, können wir nicht entscheiden, außer vielleicht, dass sie Licht und Schatten hat und viele ganz verschiedene Seiten enthält. Aber die Forscher haben eine verblüffende Tatsache herausgefunden: Pessimisten erkennen die Wirklichkeit genauer! Depressive, von denen die meisten auch Pessimisten sind, schätzen die Realität und auch ihr eigenes Können richtiger ein als Nichtdepressive, die überwiegend auch Optimisten sind.

Dazu gibt es wieder einige Experimente:[14] Es galt, an einem Brett mit vielen Knöpfen ein Licht einzuschalten. Die eine Gruppe hatte völlige Kontrolle. Wenn die Probanden einen bestimmten Knopf drückten, ging das Licht an. Die andere Gruppe hatte keinerlei Kontrolle. Das Licht ging immer wieder an und aus, unabhängig davon, welche Knöpfe gedrückt wurden.

Hinterher fragte man die Versuchspersonen beider Gruppen nach der Einschätzung ihrer Kontrolle. Die Pessimisten und Depressiven in beiden Gruppen waren völlig realistisch. Sie konnten genau beurteilen, ob sie die Kontrolle gehabt hatten oder nicht.

Schockierend waren die Ergebnisse der Optimisten: Diejenigen, die Kontrolle gehabt hatten, erkannten das richtig. (Klar, es war ja auch ihr Verdienst, wenn das Licht anging.) Anders die ohne Kontrolle, die keinen Einfluss auf das Licht hatten. Sie nahmen völlig zu Unrecht weit mehr Kontrolle an, als sie gehabt hatten. Ihre Hilflosigkeit blendeten sie einfach ein Stück weit aus.

Weil die Ergebnisse dermaßen überraschend waren, wurde das Ganze in der Weise abgeändert, dass es Geld zu gewinnen gab, wenn das Licht anging. In einem ersten Durchgang wurde der Versuch so angelegt, dass alle verloren. Während die Pessimisten die Situation richtig ein-

[14] Ebenda, S. 136f.

schätzten, erklärten die Optimisten, dass sie weniger Kontrolle gehabt hätten, als sie tatsächlich hatten. (Verluste sind für Optimisten einfach unangenehm.)

Dann wurde der Versuch so manipuliert, dass alle Geld gewannen. Die Optimisten meinten, dass sie mehr Kontrolle gehabt hätten, als es tatsächlich der Fall war. (Gewinne heften sich Optimisten gern an die eigenen Fahnen.) Richtig und unbestechlich urteilten auch hier die Pessimisten.

Bei einem anderen Versuch wurden pessimistische und optimistische Versuchspersonen in eine Diskussion verwickelt. Später sollten sie beurteilen, wie überzeugend und sympathisch sie gewirkt hätten. Was nicht verwundert: Die Pessimisten waren tatsächlich weniger überzeugend und sympathisch als die Optimisten. Aber – sie schätzten wenigstens ihre Ausstrahlung richtig ein. Ganz anders die Optimisten: Sie überschätzten ihre Wirkung und Fähigkeiten beträchtlich.[15]

Es ist paradox, ja fast ungerecht: Auf der einen Seite erkennen Pessimisten die Realität besser, und die Optimisten verzerren sie. Und dennoch, trotz ihrer verzerrten Wahrnehmung leben Optimisten tatsächlich besser. Sie sind beharrlicher und durchsetzungsfähiger, sie haben mehr Erfolg im Leben, bei anderen Menschen, sie bleiben gesünder und leben länger.

Aber wie gehen Optimisten mit Fehlschlägen um? Die müssten doch eine Ernüchterung für sie sein, einen Schock für sie bedeuten, während die Pessimisten ja schon eher damit gerechnet haben. Dazu noch ein faszinierendes Experiment mit fünfzig Leistungsschwimmern an der Universi-

[15] Ebenda, S. 138.

tät Berkeley.[16] Erst wurde mit Fragebogen herausgefunden, wer wie optimistisch oder pessimistisch war. Dann erfolgte unter Wettkampfbedingungen ein erster Durchgang im Stil, den jeder Schwimmer am besten beherrschte.

Anschließend teilten die Trainer den Schwimmern falsche Zeiten mit, die je nach Streckenlänge zwischen 1,5 und 5 Sekunden schlechter waren, zum Beispiel einem, dass er 51,7 Sekunden gebraucht hätte, obwohl es in Wirklichkeit 50,2 Sekunden waren. Die Ergebnisse sollten große Enttäuschung auslösen – und sie taten das auch. Beispielsweise saß ein Schwimmer anschließend zwanzig Minuten lang völlig verzweifelt in der Ecke.

Nach einer Erholungspause gab es einen zweiten Durchgang. Jeder sollte noch einmal so schnell schwimmen, wie er konnte. Das Verblüffende geschah: Die Optimisten schwammen gleich schnell oder sogar zwischen 2 und 5 Sekunden schneller als beim ersten Durchgang. Die Pessimisten wurden langsamer.

Wie lässt sich das verstehen? Pessimisten fallen nach einem Fehlschlag zurück. Sie fühlen sich durch eine Niederlage eher in ihrer negativen Einstellung bestätigt, und ihre Kraft lässt noch weiter nach. Optimisten werden durch einen Fehlschlag eher herausgefordert, denn sie trauen sich ja etwas zu.

Sollen wir uns also alle nach diesen Ergebnissen anstrengen, gnadenlose Optimisten zu werden? Weil es die einzig wahre Haltung ist?

Damit würden wir der Vielschichtigkeit des Lebens nicht gerecht. Denn es gibt zahlreiche Situationen, in de-

[16] Ebenda, S. 200ff.

nen pessimistischer Realismus lebensnotwendig ist. Stellen wir uns einen Flugkapitän vor, der am Morgen startet. Weil das Wetter so schön und er so gut gelaunt ist, sagt er sich optimistisch: »An einem so schönen Tag wird schon alles gut gehen!«, und verzichtet darauf, die Instrumente vor dem Abflug genau zu überprüfen. Im Cockpit hätten die meisten Passagiere dann doch wohl lieber einen vielleicht etwas verkniffenen, aber genau prüfenden Kapitän statt dieses durchaus sympathischen Optimisten …

Die wichtigste Richtlinie ist: Wenn der Preis bei einem Scheitern oder Versagen sehr hoch ist, tut man besser daran, keinen unkritischen Optimismus walten zu lassen. Der zuversichtliche Autofahrer, der trotz Glatteis und Schneeverwehungen noch fröhlich auf seinen Sommerreifen unterwegs ist, kann von Glück sagen, wenn er nur im Schnee stecken bleibt. Eine Prise Realismus ist hier überlebensnotwendig.

Ansonsten, so schwer es auch einen Pessimisten ankommen mag, ist immer der Optimismus vorzuziehen. Einfach deshalb, weil er in allen Lebensbereichen erfolgreicher ist.

Grundsätzlich ergänzen sich Optimismus und Pessimismus. Beide Formen sind notwendig:

> »Zu einem erfolgreichen Unternehmen gehören also die Optimisten, die Träumer, die Verkäufer und die Kreativen. Aber das Unternehmen ist eine Form modernen Lebens, die auch Pessimisten braucht, deren Aufgabe es ist, zur Vorsicht zu mahnen. An der Spitze des Unternehmens muss ein Direktor stehen, der weise und flexibel genug ist, die optimistischen Visionen der Planer und die

Klagelieder der Buchhalter zu einem Ausgleich zu bringen.«[17]

Wenn wir unsere eigene Person, unsere »Ich-AG«, einmal wie ein solches Unternehmen betrachten, wird sichtbar, dass auch wir – je nach Situation – Optimismus und Pessimismus benötigen.

In Zeiten der Krise braucht unsere optimistische Seite bewusste Stärkung! Pessimismus ist jetzt schädlich. Denn er kann dazu führen, dass man nach einem Misserfolg depressiv wird.

Aber wie können wir unsere optimistische Seite stärken? Etwa indem wir uns alles schönreden? Ist vielleicht das berühmte »positive Denken« die Wunderkur, um zum Optimisten zu werden?

Wann wir uns mit positivem Denken in die eigene Tasche lügen

»Positives Denken« in seiner simplen Form besteht darin, dass man ständig bemüht ist, sich gute Gedanken zu machen. Es ist der Versuch, sich selbst etwas zu suggerieren und einzureden, damit es irgendwann wahr wird. Zum Beispiel: »Ich bin fröhlich und erfolgreich.« Es ist in Schönwetterzeiten nützlich und hilfreich und kann keinen Schaden anrichten.

Anders verhält es sich in Zeiten der Krise. Hier taucht eine Fülle von negativen Gedanken auf. Vom »positiven Denker« sind sie aber unerwünscht. Im Gegenteil! Nega-

[17] Ebenda, S. 142.

tive Gedanken werden so schnell wie möglich verdrängt oder, am besten, immer wenn sie auftauchen, durch den positiven Gedanken ersetzt.

Schauen wir uns Michael an, der es in seiner Verzweiflung mit dem positiven Denken probiert. Seitdem er entlassen ist, gehen ihm penetrant destruktive Gedanken durch den Kopf: »Ich bin ein Versager.« – »Nie mehr finde ich eine Stelle.« – »Ich bin schon viel zu alt.« – »Die Welt ist sowieso ungerecht.« Was versucht Michael in seiner Hoffnungslosigkeit? Weg mit den negativen Gedanken! Und stattdessen dreimal laut vor sich hin gesagt: »Ich bin fröhlich und erfolgreich.«

Nun steckt er in einem inneren Zwiespalt. Da gibt es die eine Seite, die sagt: »Du musst nur positiv denken, dann wird alles gut.« Dann gibt es die anderen Stimmen im Kopf: »Aber das stimmt doch gar nicht! Du und erfolgreich! Da machst du dir doch etwas vor. Dass ich nicht lache!« Ist Michael ein Versager? Oder erfolgreich? Zwei Gedanken, die ganz und gar unterschiedlich sind, streiten in seinem Inneren miteinander. Und Michael will die negativen verdrängen. Doch statt Druck zu vermindern, baut er so Druck auf.

Es ist eine psychologische Gesetzmäßigkeit, dass sich auf Dauer keine Seite unterdrücken lässt. Was verdrängt wird, kommt wieder! Manchmal in einer versteckten Form, aber es wird einen nicht in Ruhe lassen. Auch wenn jemand mit seinen positiven Gedanken krampfhaft alle Zweifel und Bedenken in den Untergrund drückt, gehen sie deshalb nicht weg.

Denn da gibt es zur gleichen Zeit die Wirklichkeit, und die lässt sich nicht völlig ausblenden. Die innere Spannung steigt, und irgendwann bricht das Kartenhaus dann unter dem Ansturm der Realität und der negativen Gedanken zusammen. Es ist ein vergeblicher Versuch, sich gegen die notwendigen Phasen zu stemmen, die in einer Krise auftauchen müssen (Zorn, Trauer, Enttäuschung usw.), und macht ihren Verlauf nur noch schwieriger.

Dabei bin ich nicht grundsätzlich gegen das positive Denken. Es gibt viele Bereiche, in denen diese Einstellung gut tut. Da erwacht jemand frühmorgens durch den Wecker und ist noch ein bisschen schlaftrunken und missmutig, weil er so zeitig raus muss. Dann liest er auf seinem angepinnten Zettel unter dem Badezimmerspiegel: »Ich bin munter und freue mich auf das Schöne, was der Tag mir bringt.« Zwei-, dreimal sagt er sich das laut vor und merkt, wie seine Stimmung sich bessert und seine Laune sich hebt – für einen Morgenmuffel ideal!

Es gibt noch viele solcher Beispiele, die im Alltag die gute Wirkung des positiven Denkens zeigen. Wichtig dabei ist: Der Inhalt des Satzes hat eine Wahrheit oder lässt sich durch das eigene Tun verwirklichen. Vor allem fruchtbar sind Sätze, die aktivieren und deren Inhalt nur der eigenen Kontrolle unterliegt. Dann fallen positive Gedanken auf einen fruchtbaren Boden. Zum Beispiel eine Ermutigung: »Ich kann sein, wie ich bin«, »Ich spüre meine Kraft und entspanne mich« oder »Ich sorge für mich«. Der Gedanke entspricht zwar noch nicht den Tatsachen, aber er wirkt anregend, weil er wie der kundige Wegweiser in eine gute Richtung zeigt. Ob Michael dagegen erfolgreich wieder eine Arbeit findet, hängt auch von anderen ab. Das unterliegt nicht seiner alleinigen Kontrolle.

Wie wichtig die realistische Einschätzung bei derartigen Gedanken ist, zeigen Beobachtungen von Loehr über die positiven Worte, die sich Spitzensportler vorsagen. Junge Nachwuchssportler sind oft sehr ehrgeizig, und ein Satz, der sie antreibt und beflügelt, ist »Ich bin der Beste«. Wer aber lange Zeit ganz oben steht, geht vor einem Wettkampf zu einem anderen positiven Satz über, nämlich zu: »Ich gebe mein Bestes.«

Warum? Auf Dauer ist der erste Satz unrealistisch, denn Niederlagen stoßen auch dem stärksten Sportler immer wieder zu. Mit dem Gedanken »Ich bin der Beste« unterminieren sie deshalb ihren Erfolg. Sie wissen ja auch um ihre Niederlagen, und sie müssen sich immer krampfhafter einreden, dass sie Sieger sind.

Aber den Satz »Ich gebe mein Bestes« können sie in jedem Wettkampf wahr machen. Denn sie schauen damit nicht auf das Ergebnis – das ist nicht nur von ihnen abhängig –, sondern auf ihren inneren Zustand. Und für den sind sie ganz allein zuständig.

Ein realistischer positiver Satz

Was wäre ein nützlicher positiver Satz, der Sie aktiviert und dessen Verwirklichung in Ihrer Hand liegt?

Um mentale Stärke in der Krise zu erwerben, braucht es die Auseinandersetzung mit der Realität und den eigenen negativen Gedanken. Es geht darum, in der Welt anzukommen, so, wie sie ist – und dann mit positiver Perspektive weiterzugehen.

Wichtig ist es in der Krise, die eigenen kontraproduktiven, ja, zerstörerischen Gedanken zu entdecken. Auf dem Boden der Realität gilt es dann zu verändern, was uns behindert, und realistische Gedanken zu fördern, die uns beim Weg aus der Krise unterstützen. – Wie das funktionieren kann, zeigt der nächste Abschnitt.

Das ABC des neuen Denkens

Wenn jemand in einer Krise Passivität bei sich entdeckt, muss er nicht unbedingt ihre Ursachen erforschen. Meist genügt es, neue Lernerfahrungen zu machen, um wieder zum Handeln zu kommen.

Von den Forschern und Therapeuten Aaron T. Beck und Albert Ellis ging in den siebziger Jahren eine neue Richtung aus, die sich »kognitive Therapie« nannte und sich mit den Auswirkungen des Gedankens auf die Gefühle beschäftigte. Inzwischen hat sich diese Form weit verbreitet und erzielt bei vielen Störungen große Erfolge. Ihre Entdeckungen sind einsichtig und leicht nachvollziehbar. Ihre Gedanken sind auch in andere psychologische Richtungen mit eingeflossen.

Wesentlich daran ist, dass jeder Mensch seine Gedanken ändern und sich neue Gedankenmuster erarbeiten kann. Wer in einer schwierigen Lage ist, vermag seine pessimistischen Erklärungsmuster in konstruktive zu verwandeln. Sicherlich wird es in Notsituationen wie einer aktuellen Krise nicht leicht sein, mit einem solchen Änderungsprozess zu beginnen. Aber gerade dann ist er nötig!

Auch wenn Sie sich gerade nicht in einer problematischen Situation befinden, ist es sinnvoll, sich mit Ihren Gedanken auseinander zu setzen. Nicht, dass es Ihnen so geht wie dem Studenten, der zu einem Lehrer für autogenes Training kommt und sich wünscht, diese autosuggestive

Methode auf die Schnelle für sein Examen vermittelt zu bekommen.

»Wann ist denn Ihr Examen?«, fragt der Lehrer.

»Morgen früh«, antwortet der Student…

Wer optimistischer werden will, fängt am besten so bald wie möglich damit an. Nicht umsonst legt Seligman viel Wert darauf, dass man schon bei Schulkindern damit beginnt, konstruktive Denkgewohnheiten zu vermitteln.

Um die eigenen negativen Denkmuster zu hinterfragen, ist es zunächst wichtig, sich der automatischen Sätze bewusst zu werden, die uns in manchen Situationen durch den Kopf schwirren und die negative Situation aufrechterhalten oder noch verschlimmern. Dann geht es darum, diese automatischen Gedanken zu entmachten, entweder indem man andere Ideen mobilisiert oder sich von den Gedanken insgesamt ablenkt. Langfristig sollen neue dann die alten ablösen.

Um damit zu beginnen, schlägt Seligman eine so genannte ABC-Analyse vor, die Albert Ellis entwickelt hat.[18]

- A steht für das Ausgangsereignis, das die negative Reaktion auslöst.
- B steht für die negativen Gedanken oder Überzeugungen, die durch das Ereignis ausgelöst werden.
- C steht für die Konsequenzen.

Zum Beispiel das Ausgangsereignis A: Sie stoßen an ein Weinglas, es fällt herunter und zerbricht. Die Gedanken B: »Immer muss mir alles kaputtgehen.« Die inneren und äußeren Konsequenzen C: Sie fühlen sich schlecht, sind etwas

[18] Ebenda, S. 258 ff.

fahrig und schneiden sich beim Sammeln der Scherben. Damit könnte ein neuer ABC-Zirkel weitergehen…

Auch dem Gast am Nachbartisch fällt ein Glas herunter. Weil er aber denkt: »Hoppla! Scherben bringen Glück«, wird seine Stimmung besser anstatt schlechter. Denn die Gedanken über ein Ereignis bestimmen unsere Gefühle.

Wer etwas an seiner Stimmung verändern will, fängt sinnvollerweise bei seinen Gedanken an. Es geht darum, sich intensiv mit seinen spontanen negativen Gedanken und Überzeugungen auseinander zu setzen. Sind sie wahr? Sind sie vernünftig? Sind sie sinnvoll? Stimmt zum Beispiel der Satz »Immer muss mir alles kaputtgehen«? Nein, natürlich nicht. Was wäre eine realistischere Reaktion? Etwa: »Schade um das Glas. Ich war gerade unaufmerksam und muss besser aufpassen.«

Manchmal sind die Überzeugungen auch nicht so leicht zu erschüttern. Wir hängen fest an alten Ideen und wollen sie nicht so schnell und einfach loslassen – fast wie bei einem trotzigen Kind, das sich nicht umstimmen lassen will.

Schauen wir uns doch einmal an, was eine solche ABC-Analyse bei Johannes ergibt:

- A, das Ausgangsereignis: Susanne hat sich scheiden lassen.
- B: Seine Gedanken dazu schwanken zwischen »Ich bin schuld, weil ich so viel falsch gemacht habe« und »Susanne ist schuld, weil sie so viel falsch gemacht hat«.
- Die Konsequenzen C: Johannes wird entweder deprimiert oder ärgerlich.

Ist einer der beiden Gedanken nun vernünftig und realistisch? – In einer längeren Beziehung, bei der es zu einer Trennung kommt, haben immer beide Partner einen Teil der Verantwortung und Schuld. Keiner von ihnen ist ohne Fehler. Ein neuer, hilfreicher Gedanke für Johannes wäre also: »Ich habe einen Teil der Schuld, und Susanne trägt einen Teil der Schuld.« Die neue Konsequenz C: Statt heftiger Gefühle, die ihn »hinunterziehen«, empfindet Johannes eher eine leise Trauer, dass es so weit kommen musste. Auf diese Weise kann er aber Susanne mehr und mehr innerlich loslassen.

Was bringt die ABC-Analyse bei Michael? Die Kündigung ist das Ausgangsereignis A. Michaels häufigster Gedanke (B) lautet: »Ich bin ein Versager.« C: Das deprimiert ihn so tief, dass er jede Initiative verliert und nur noch dumpf grübelt.

Ist der Gedanke »Ich bin ein Versager« vernünftig und realistisch? Michael fällt es nicht leicht, sich damit zu befassen. Hat er sich etwa vorzuwerfen, dass seine Leistungen mangelhaft waren? Nein. An dem Konkurs seiner Baufirma trägt er keine Schuld. Aber warum hat er jetzt keine Arbeit, wenn er schuldlos ist?

Plötzlich sieht Michael sich mit seinen alten Vorurteilen über Arbeitslose konfrontiert: »Die sind selber schuld.« – »Wenn sie nur wollten, hätten sie auch eine Stelle.« Besitzt er den Mut, seine früheren Urteile zu revidieren und sich selbst gegenüber zuzugeben, dass er sich geirrt hat? Dass es heute viele Arbeitslose gibt, die keine Versager sind? Und er gehört jetzt auch zu ihnen!

Statt »Ich bin ein Versager« steigt ein neuer Satz in ihm auf: »Ich habe Pech gehabt, dass meine Firma Konkurs angemeldet hat.« Auch dieses Pech trifft ihn, aber weit weniger als der Selbstvorwurf, ein Versager zu sein.

Nicole tut sich erst einmal schwer, ein Ausgangsereignis für ihre schleichend deprimierte Stimmung zu finden. Dann fällt ihr eine Situation ein, in der sie zunächst unbeschwert war und dann diese hektische Nervosität in ihr aufstieg. Was war nur der Auslöser? Dann fällt es ihr ein: in den Nachrichten der Bericht über die neue Arbeitslosenzahl (A). B – die Gedanken? Die kann sie ganz schwer fassen, weil die Nervosität sofort einsetzte. Schließlich wird es ihr langsam bewusst: »Hoffentlich passiert mir das nicht!« Und das löste dann die enorme Nervosität aus (C).

Ist das nicht ein vernünftiger Gedanke? Ja. Denn es kann auch Nicole passieren, sie könnte ebenfalls schnell arbeitslos sein. Aber hilft ihr diese vernünftige Sicht der Dinge? Und wie wahrscheinlich ist eine Kündigung im Moment? Wenn Nicole die Auftragslage durchgeht und die zukünftigen Projekte anschaut, dann wird sie mindestens die nächsten drei Monate noch gebraucht. Hilfreich ist ihre Sorge im Augenblick überhaupt nicht. Ein neuer Gedanke taucht auf: »Im Moment bin ich sicher.« Beruhigt sie sich dadurch? Ein wenig. Sie fühlt sich mehr auf dem Boden und ist in der Lage, die Gedanken daran, was nach drei Monaten kommen könnte, erst einmal an die Seite zu stellen.

Vielleicht möchten Sie die ABC-Analyse für ein eigenes Problem testen. Besonders fruchtbar ist es, eine regelmäßig wiederkehrende Situation zu untersuchen, die Sie stark blockiert und entmutigt. Seligman bezeichnet solche Situationen als Mauern. »Wie Sie sich verhalten, wenn Sie vor dieser Mauer stehen, kann den Unterschied zwischen Hilflosigkeit und Kontrolle, zwischen Scheitern und Erfolg ausmachen.«[19] Denn der Grund für das Scheitern ist weder Faulheit noch ein Mangel an Phantasie oder Willenskraft. Vielmehr liegt die Ursache »einfach darin, dass Sie einige äußerst wichtige Techniken nicht gelernt haben, die in keiner Schule unterrichtet werden«.

Hilfreich ist es, sich ein Blatt Papier und einen Stift zu nehmen und sich Notizen zu machen. Auch falls Sie die Gedanken, die in der Situation ablaufen, nicht sofort finden, regt das leere Blatt Papier an, noch bestehende Lücken zu füllen. Der Anreiz ist einfach größer, als wenn Sie nur so einfach »vor sich hin denken« (siehe den Kasten »ABC-Analyse«).

ABC-Analyse

Was ist eine regelmäßig wiederkehrende Situation, die Sie blockiert und entmutigt?

- Was ist das Ausgangsereignis A?
- Was sind die Gedanken, die dann ablaufen (B)?
- Was sind die gefühlsmäßigen Konsequenzen dieser Gedanken (C)?

Was wäre ein neuer, realistischer, konstruktiverer Gedanke in der Situation?

Wenn Sie häufiger Ihre Gedanken analysieren, werden Ihnen bestimmte persönliche Grundmuster bewusst, die sich

[19] Ebenda, S. 316.

im Untergrund durch Ihr Leben ziehen und Niedergeschlagenheit und Schwäche auslösen: »Alle müssen mich mögen.« – »Ich muss perfekt sein.« – »Ich kann nicht allein leben.« Diese Art von Überzeugungen macht uns für Passivität und Depressionen anfällig. Wer sich dafür entscheidet, nach ihnen zu leben – wie es so viele von uns tun –, wird zahlreiche frustrierende Momente erleben.

Je mehr Sie Ihre negativen Programme und Sätze entdecken, desto mehr nehmen Sie ihnen dadurch an Macht. Der Einfluss bleibt nur groß, solange sie unbeachtet und unbemerkt ihre Wirkung entfalten. Anders, wenn Sie bereits im Voraus wissen, welche Gedanken gleich in Ihnen ablaufen werden: »Ah, jetzt muss gleich mein Perfektionismusprogramm kommen!« Wer dieses Muster wie einen alten, etwas lästigen Bekannten begrüßt, kann es leichter verabschieden und eine rationale Analyse der Situation vornehmen.

Manchmal treten Gedanken so quälend auf, dass es besser ist, sich von ihnen abzulenken. Bevor man dies tut, lautet eine sinnvolle Frage an sich selbst: »Habe ich im Moment einen Nutzen von den ständig aufkommenden Gedanken und helfen sie bei der Problemlösung?«

Wenn die Antwort Nein lautet, dann ist die so genannte »Stopp-Übung« eine gute Maßnahme (siehe Kasten). Sie eignet sich bei allen quälenden Gedanken, die Sie über längere Zeit verfolgen, ohne dass Sie dadurch irgendeiner Lösung näher kämen. Für Nicole zum Beispiel zeichnet sich durch ihr Denken in keiner Weise eine Lösung ab.

Die »Stopp-Übung« ist auch vorteilhaft in einer aktuellen Krisensituation, wenn ein bestimmtes Ereignis sich quälend immer wieder in den Vordergrund schiebt. Zum Beispiel als Johannes unmittelbar nach der Scheidung plötzlich zwischendurch heftige Anfälle von Eifersucht erlebte und sich nicht mehr auf seine Arbeit konzentrieren konnte.

Die Stopp-Übung für quälende Gedanken

Wenn ein quälender Gedanke kommt, sagen Sie innerlich laut und deutlich *»Stopp!«* zu ihm.
Nehmen Sie dann sofort bewusst einen Moment lang Kontakt mit Ihrer Umgebung auf, indem Sie sich umschauen (»Wo bin ich gerade hier?«), umhören (»Was nehmen meine Ohren hier wahr?«) und in Ihren Körper spüren (»Bin ich verspannt oder entspannt? Was nehme ich wahr?«).

Die »Stopp-Übung« klingt recht simpel, ist aber schon seit Jahrzehnten in der Verhaltenstherapie erprobt. Sie wirkt und hilft – Sie müssen sie nur tun.

Wichtig dabei ist, dass Sie *jedes* Mal, wenn der quälende Gedanke kommt, sofort *»Stopp!«* sagen und die Umgebung wahrnehmen. Das kann bedeuten, dass Sie in einer schwierigen Situation am ersten Tag möglicherweise mehr als hundertmal »Stopp!« sagen müssen. Die Gedanken lassen dann aber rasch nach. Das »Stopp!« wirkt immer schneller und länger. Mit jeder Übung verbessert sich Ihre Kontrolle.

Der wichtige Schritt, nachdem Sie sich »Stopp!« gesagt haben, ist die Umpolung des Scheinwerfers von der mentalen Zone auf die Umgebung und Ihren Körper. Das schwächt zusätzlich die Kraft der quälenden Gedanken.

Gibt es über das bisher Gesagte hinaus noch weitere

Möglichkeiten, die Passivität hinter sich zu lassen? Damit befasst sich das nächste Kapitel.

Und für alle »hoffnungslosen« Pessimisten an dieser Stelle eine weitere Ermutigung: Wem das Wasser bis zum Hals steht, sollte nicht noch den Kopf hängen lassen!

Zum Vertiefen

Eine spannende, anschauliche Lektüre, die dieses Kapitel vertieft, ist Seligmans Buch *Pessimisten küsst man nicht. Optimismus kann man lernen* (siehe Literaturverzeichnis). Außerdem können Sie dort durch einen Test mit 48 Fragen prüfen, wie optimistisch Sie sind.

Wenn Sie sich mit weit verbreiteten gedanklichen Trugschlüssen und ihrer Korrektur auseinander setzen wollen, empfehle ich Ihnen das Selbsthilfebuch *Ich kann, wenn ich will* von Lazarus/Fay.

Kapitel IV
Der Kopf ist rund, damit das Denken seine Richtung ändern kann

Zeit für eine kleine Rast! Um zurückzuschauen auf den Weg, den wir bisher zurückgelegt haben. Zu Beginn haben wir erst einmal in den eigenen Ressourcen aufgetankt. Nur wer in einem einigermaßen guten Zustand ist, findet Kraft für Veränderung.

Wer in einem schlechten Zustand ist und sich bedroht fühlt, bei dem geht es zunächst ums Überleben. Dann kann er vielleicht fliehen oder sich wehren, aber nicht die eigene Einstellung ändern und etwas tatsächlich Neues ausprobieren. Wem die Krise am Hals hängt und die Luft abzuschneiden droht, der muss sie erst einmal ein Stück abgeschüttelt haben, um einen klaren Blick zu bekommen.

Im letzten Abschnitt ging es darum, zu entdecken, wie Krisen durch das Gefühl der Hilflosigkeit entstehen oder verstärkt werden. Wer sich unfähig fühlt, zu handeln, bleibt im Sumpf der Krise stecken. Ein grundlegender Schritt aus diesem Sumpf heraus ist es, zu entdecken, welche Gedanken die Schlingpflanzen sind, die uns im Morast festhalten. Jeder neue konstruktivere Gedanke bringt uns einen Schritt weiter auf festen Boden.

Wer sich bisher nie intensiver mit sich und seinen Gedanken befasst hat, den kostet dieser Schritt erst einmal Anstrengung. Zusätzlich braucht es die Bereitschaft, ein

Stück ins Neuland zu gehen, ohne zu wissen, wie weit der Boden tragfähig ist und welches die Resultate sind. Aber wie Ludwig Börne sagt: In einem wankenden Schiff fällt um, wer stille steht, nicht, wer sich bewegt.

Ich kann mich gut in jemanden hineinversetzen, der das letzte Kapitel mit Interesse überlesen hat, ohne gleich zu Papier und Kugelschreiber zu greifen, um sich einer eigenen Krisensituation zu widmen – ich verhalte mich selbst oft als Leser von Buchratgebern so. (Wenn Sie allerdings schon mit der Gedankenanalyse in einer schwierigen Situation angefangen haben – ein Kompliment für Sie!)

Welche Möglichkeiten gibt es darüber hinaus, die Kontrolle wiederzugewinnen? Manche davon sind überraschend. Aber wie die Überschrift zu diesem Kapitel es schon sagt: Der Kopf ist rund, damit das Denken seine Richtung ändern kann.

Die Kontrolle über unser Denken und Handeln zurückgewinnen

Wenn jemand kurz davor steht, zum Krisendenkmal zu erstarren – wie findet er wieder aus dieser Lähmung heraus? Welche Erfahrungen sind für ihn besonders wichtig?

Auch hier zeigen einige bahnbrechende Experimente, in welcher Richtung die Antwort zu finden ist. Sie machen deutlich, wie erstaunlich sich manchmal minimale Veränderungen auf Menschen auswirken.

Was glauben Sie? Tut es alten Leuten im Altersheim nicht gut, sich auf ihre alten Tage verwöhnen und umsorgen zu lassen, indem ihnen möglichst viele Entscheidungen abgenommen werden? Das krasse Gegenteil zeigen Untersuchungen, die zwei junge amerikanische Wissenschaftlerinnen in Yale durchgeführt haben. Und zwar wurden die Bewohner von zwei Stockwerken in einem Altersheim in einem kleinen Bereich unterschiedlich behandelt. Auf der ersten Etage gab es die Wahl zwischen Omelette und Rührei. Die Bewohner mussten sich am Tag vorher entscheiden und es in einer Liste eintragen. Genauso konnten sie bestimmen, welchen der am Mittwoch- und Donnerstagabend gezeigten Filme sie sich anschauen wollten. Schließlich gab es eine Auswahl Topfpflanzen, von denen sie sich eine aussuchen und mitnehmen konnten. Die Pflanze mussten sie auch selbst gießen.

Der zweite Stock bekam das Gleiche wie der erste – nur wurde den Teilnehmern jede kleine Wahl genommen. Die Tage, wann es Rührei und wann es Omelette gab, waren festgelegt, auch die Filme. Und die Topfpflanze wurde von der Pflegerin ausgesucht und später auch gegossen.

Achtzehn Monate später kamen die Untersucherinnen wieder ins Altersheim zurück und stellten fest, dass die Bewohner und Bewohnerinnen des ersten Stocks aktiver und glücklicher waren. Außerdem starben in dieser Gruppe weniger Menschen. Diese überraschenden Ergebnisse wurden auch mit anderen Methoden überprüft und bestätigt.[20]

Johannes, Michael und Nicole sind noch zu jung fürs Altersheim. Welche Anregungen könnten sie durch ein solches Experiment bekommen? Menschen brauchen das Gefühl, dass sie die Situation, in der sie sich befinden, steuern können. Haben sie keine Kontrolle oder auch nicht das Gefühl der Kontrolle, verlieren sie ihren Lebensmut, ihre

[20] Ebenda, S. 206f.

Kraft, ihre Nerven und letztendlich ihre Gesundheit. Selbst so minimale Entscheidungsmöglichkeiten wie im Altersheim wirken sich eindrucksvoll aus.

Wie kommt aber jemand in der Krise zum Gefühl der Kontrolle? Wo doch gerade Kontrollverlust ein Merkmal der Krise ist! Michael, Nicole und Johannes – sie alle drei haben das Gefühl, dass ihnen das Steuerrad ihres Lebens aus den Händen geglitten ist. Die Krise erleben sie wie einen großen Staubsauger, der sie in den Müllbeutel hineinsaugt. Ihm können sie nicht entkommen.

Folgende Fragen bringen das Bewusstsein des eigenen Handelns wieder ein Stück zurück:

Die eigene Kontrolle entdecken (1)

Wie ist gerade Ihr Punktewert auf unserer Skala von 1 (am Boden zerstört) bis 100 (absolut optimal)?
Wie viele Punkte hatte Ihr *schlechtester* Zustand in den letzten Wochen?
Wann war das genau?
Wie war das?
Was haben Sie damals gemacht?
Was machen Sie jetzt gerade anders?

Nicole beantwortet die Fragen und gibt sich 25 Punkte, weil sie sich sehr deprimiert fühlt. Sie hat gerade die Abendnachrichten und die Prognosen der Wirtschaft für das nächste Jahr gehört. Es soll wieder besser werden, aber sie glaubt es nicht und möchte am liebsten vor allem davonlaufen. Sie fühlt sich so machtlos und der großen Politik ausgeliefert.

Was war ihr schlechtester Zustand in den letzten Wochen? Sofort fällt ihr das Telefongespräch ein, als ihre beste Schulfreundin weinend am Telefon erzählte, dass ihr gekündigt worden war. Sie war voller Mitgefühl und bekam gleichzeitig enorme Angst um ihren eigenen Job. Acht Punkte gibt sie diesem Moment, als ihr Herz rasend zu schlagen anfing.

Was macht sie jetzt gerade anders? Nun, sie nimmt die große Politik und ihre Auswirkungen nicht so persönlich. Auf diese Weise schützt sie sich vor eigener unkontrollierter Panik. Während sie damals ganz und gar mit dem Schmerz ihrer Freundin mitfühlte, ist sie jetzt mehr bei sich – obwohl sie natürlich weiß, dass es in der Welt um sie viel Leid gibt.

Nicole entdeckt ihre Handlungen wieder. Sie reagiert nicht wie ein Automat programmiert auf die äußeren Umstände. Sie hat die Möglichkeit zu wählen. Ja, sie könnte sich von den Nachrichten noch ein Stück mehr abschotten, um zu sich zu kommen. Durch ein warmes Bad? Durch ein Telefongespräch? Durch einen spannenden Krimi? Ganz gleich, wofür Nicole sich entscheidet, sie hat wieder das Gefühl bekommen, die Situation mehr in der Hand zu haben.

Dabei geht es gar nicht darum, immer tatsächlich etwas anders zu machen. Das Wissen darum, dass man verändern *könnte*, wenn man wollte, genügt.

Zwei Gruppen von Versuchspersonen hatten die gleichen Aufgaben zu lösen, die viel Konzentration erforderten. Beide wurden gleichzeitig mit sehr lauten und störenden Geräuschen belästigt. Der zweiten Gruppe sagte man zusätzlich, sie könne mit einem Knopf den Lärm abstellen, aber es wäre besser, ihn nicht zu benutzen. Obwohl sie den Knopf nicht anfassten, erbrachten die Teilnehmer der zweiten Gruppe bessere Leistungen. Dies hatte das Gefühl der Kontrolle über die Situation bewirkt.[21]

Das Gefühl der Kontrolle reicht aus, um jemanden in einen besseren Zustand zu bringen. Kein Wunder, dass es den Optimisten besser geht, die sich einbilden, den Lauf der Dinge in der Hand zu haben, auch wenn es tatsächlich gar nicht der Fall ist.

Der erste Schritt ist der wichtigste

Um die Passivität hinter sich zu lassen, braucht es Bewegung. Die entscheidende Bewegung ist dabei der erste Schritt. Hier folgen weitere Anregungen in der Hoffnung, dass die eine oder andere auf fruchtbaren Boden trifft. Selbst wenn jemand danach wieder zurückfällt – er ist in Bewegung gekommen.

Gefährlich ist der Rückfall nach einem ersten Schritt nur dann, wenn unsere Erwartungen zu groß waren. Dann wird ein solcher Rück-Schritt als erneutes Versagen erlebt, das in das schwarze Buch der Niederlagen eingetragen und zu einer weiteren Quelle der Depression wird.

Anders dagegen, wenn jemand sich im Klaren darüber ist, dass Rückschritte und Rückfälle dazugehören. Dass es das Wichtigste ist, in Bewegung zu kommen! Dann wird er auch ein zweites und drittes Mal erneut einen Schritt tun. Irgendwann ist dann genügend Schwung gewonnen, und der Weg geht weiter. Wie bei einem Motorrad, dessen An-

[21] Loehr (2), S. 89.

lasser getreten wird und das drei- oder viermal wieder abstirbt, bis dann bei einem nächsten Tritt der Motor anspringt – und die Fahrt losgehen kann.

Erinnern Sie sich daran, wie die von den elektrischen Schlägen geschockten Hunde ihre Passivität wieder verlernten? Sie hatten aufgegeben und ließen ängstlich und willenlos die Schläge über sich ergehen, obwohl sie nur über eine niedrige Trennwand in die andere Käfighälfte hätten hüpfen müssen.

Die Versuchsleiter hatten es nicht leicht, die Hunde auf den sicheren Ort aufmerksam zu machen. Sie mussten sie am Halsband nehmen – die Hunde wehrten sich sogar – und einige Male über die Trennwand des Käfigs zerren. Erst als die Tiere bemerkten, dass sie auf der anderen Seite schockfrei blieben, wurden sie munter und sprangen von allein über die Barriere. Sie entdeckten, dass ihr eigenes Handeln etwas bewirkte und dass sie damit den Schmerzen entgehen konnten. Wenn dies einmal gelungen war, blieb die Heilung dauerhaft. Die Hunde fielen nie mehr zurück in die alte Passivität.[22]

Wenn Sie selbst in der Krise aufgegeben haben, gibt es zwischen Ihnen und den Hunden einen fast tragischen Unterschied: Da ist niemand, der Sie am Genick nimmt und aus der Schmerzzone trägt. Keiner schafft es, Sie über die kleine Trennwand zu zerren, damit Sie entdecken, dass es Ihnen dort besser geht.

Stellen wir uns die hoffnungslose Situation im Käfig realistisch vor, dann können wir uns ausmalen, wie schwierig es ist, aufzustehen und einen neuen Versuch zu star-

[22] Seligman (1), S. 39.

ten – nachdem doch all die Versuche zu Beginn des Experiments vergebens gewesen waren und nicht geholfen hatten. Und trotzdem: Sie müssen sich selbst in Bewegung setzen.

Damit der Hund entdeckt, wie er in Sicherheit kommt, gibt es natürlich noch ein paar Methoden mehr, als ihn mit Gewalt über die Trennwand zu zerren. Man kann ihm zur Verführung eine große Wurst auf die andere Seite legen. Wenn er hungrig genug ist, macht er sich auf den Weg. Man kann die Trennwand weglassen und bringt die Sicherheitszone näher. Dann braucht es nur eine kleine Bewegung für eine positive Erfahrung. Oder jemand entzündet ein kleines Feuer auf der einen Seite, damit er auf die sichere Seite ausweicht.

Was davon kann ich als Autor nutzen? Wie lässt sich mit Worten ein Feuer entzünden? Ich kann Ihnen eine »brennende« Situation wie die folgende darstellen. Aber damit es Ihnen wirklich heiß wird, müssen Sie natürlich mitspielen und über die »Frage« ernsthaft nachdenken:

Blick in die Zukunft

Stellen Sie sich vor, Ihre Krisenstimmung ändert sich nicht von allein und bleibt weiter so, wie sie zurzeit ist. Sie bleibt so das ganze Jahr, auch das nächste usw. – die nächsten zehn Jahre lang.

Eine solche Perspektive heizt die aktuelle Situation etwas auf. Bestehen nicht auch jetzt schon Möglichkeiten zu anderem Handeln?

Die Wirkung dieser Frage erlebte ich bei meinem ersten Zeitmanagementseminar, als ich einer Reihe kritischer Führungskräfte Methoden zu vermitteln suchte, ihre Zeit besser einzuteilen. Bei jedem Vorschlag, zum Beispiel dem, eine Stunde ohne Störung einzurichten, kam die Antwort: »Das geht bei uns nicht.« Irgendjemand verhinderte immer mögliche Veränderungen, der Chef, die Kollegen, die Kunden oder die Arbeitsüberlastung.

Schließlich kam ich mit dem Vorschlag: »Da Sie ja alle nichts oder zu wenig an Ihrer Situation ändern können – stellen Sie sich doch vor, dass es einfach die nächsten zehn Jahre so weiterläuft und dass es Ihnen in zehn Jahren an Ihrem Arbeitsplatz noch genau so geht wie heute.« Plötzlich bröckelte der Widerstand ab. Die Stimmung änderte sich, die Vorstellung des unveränderten Zustands für die nächsten zehn Jahre war schrecklich. Nach kurzer Zeit suchten die Teilnehmer selbst nach Ideen für ein besseres Zeitmanagement.

Eine Kraftquelle zum Handeln kann unser Ärger werden. In der Krise entsteht bisweilen Bitterkeit. Das ist gefrorener Ärger, der einen selbst vergiftet. Lässt er sich wieder auftauen? Ja, wenn man die Blickrichtung ändert. Man schaut zu den Enttäuschungen der Vergangenheit, und Ärger steigt auf. Die Kunst ist es, diesen Frust zu nehmen und mit seiner Energie in die Zukunft zu schauen.

Das Gute am Ärger ist: Er bringt uns in Kontakt mit unserer ganzen Kraft. Die hilfreiche Frage lautet: Wie kann ich den Ärger nutzen, damit mir ähnliche Enttäuschungen in Zukunft nicht wieder passieren? Folgendes Motto bringt es auf den Punkt: »Nicht ärgern, sondern ändern!«

Alles geht darum, wieder die Erfahrung zu machen, dass man handeln kann. Es ist egal, wie groß oder klein der jeweilige Schritt ist. Ein Mensch muss sich dabei nicht äußerlich sichtbar bewegen. Es genügen ein neuer Gedanke oder eine innere Einsicht.

Als zweiten Schritt zur Entdeckung der eigenen Kontrolle können Sie wieder ein kleines Experiment machen (siehe Kasten). Vielleicht reicht es im Moment einfach, wenn Sie Ihre innere Einstellung ändern, um sofort in einen besseren Zustand zu kommen. Oft schauen wir nicht genau hin und machen nicht genügend feine Unterschiede. So als ob jemand nur in Extremen leben würde, entweder es geht hervorragend oder grottenschlecht. Entweder 100 auf der Stimmungsskala oder 1!

Die eigene Kontrolle entdecken (2)

Wenn Sie Ihre Stimmung im Moment auf einer Skala von 1 (am Boden zerstört) bis 100 (absolut optimal) bewerten – welche Zahl geben Sie sich gerade?
Wie viele Punkte hatte der beste Zustand in den letzten Wochen?
Wann war das genau?
Wie war das?
Was haben Sie da anders gemacht?
Wenn Sie diesen Zustand – oder zumindest mehr davon – nun haben wollten, was müssten Sie jetzt ändern?
Wie würde der erste Schritt dahin gehend aussehen?

Wenn wir anfangen, für die Zwischenstimmungen aufmerksamer zu werden, entdecken wir die eigenen Möglichkeiten zu handeln. Deshalb ist die große Skala von 1 bis 100 so hilfreich. Und wer noch kleinere Zwischenschritte braucht, der kann gut auch Dezimalstellen dazunehmen, um herauszufinden, was beispielsweise den Unterschied zwischen 50,1 und 50,3 ausmacht.

Je kleiner der Schritt, desto leichter. Man kann sich natürlich die Latte so hoch hängen, dass man schnell darunter hindurchgehen kann. Wer seinen ersten Schritt zu groß plant, der bleibt mit Recht lieber da, wo er gerade steht. Besser ist es, man hängt die Latte so niedrig, dass sie mit einem kleinen, eleganten Hüpfer zu bewältigen ist. Wer einmal mit dem Hüpfen angefangen hat, springt dann oft mit Leichtigkeit weiter.

In jedem Krisenopfer versteckt sich ein Handelnder

Menschen, die in der Krise stecken, fühlen sich meist als Opfer. Wer wie Michael plötzlich wegen des Bankrotts seiner Firma entlassen wird, hat aber einen Verlust erlitten, für den er nichts kann. Wenn Susanne die Scheidung einreicht, die Johannes nicht will, erlebt er sich als Opfer.

Leider tut uns das Gefühl, Opfer zu sein, nicht gut. Es verhält sich ein bisschen wie beim Pessimisten und beim Optimisten. Ganz gleich, wie die Realität ist – wer in der Opferrolle bleibt, hat schon von vornherein schlechte Karten. So, wie der Pessimist zwar die Wirklichkeit präziser sieht, dies ihm aber nichts nutzt! Der Optimist zieht fröhlich an ihm vorbei.

Denn Opfer verlieren ihre Aktivität, ihre Einsatzfreude und ihre Lebenskraft. Statt nach vorn in die Zukunft zu schauen, blicken sie nach hinten, betrauern die schlimmen Umstände und vergeuden so ihre kostbare Energie.

Wie schaufeln wir den Handelnden unter dem Krisenopfer hervor? Indem wir entdecken, was wir selbst zu unserer Stimmung beitragen. Dazu die nächsten Fragen:

Die Krise verstärken

Wenn Sie jetzt eine heftige Krisenstimmung bei sich erzeugen oder die bestehende weiter verstärken wollten – was könnten Sie tun?
Welche Gedanken helfen Ihnen dabei? Finden Sie alle Ihre Möglichkeiten heraus.

Wer eine Möglichkeit findet, etwas zu verschlimmern, bekommt auch Ideen, wie er etwas verbessern kann. Hierzu habe ich ebenfalls eine lehrreiche Situation als Kommunikationstrainer erlebt. Ich sollte eine Gruppe von Maschinenführern in die Kunst der Mitarbeitermotivation einführen, um das angespannte Arbeitsklima zu verbessern. Das gestaltete sich relativ schwierig. Bei jedem Vorschlag, wie zum Beispiel die Mitarbeiter mehr anzuerkennen, kam Ablehnung. »Klappt bei uns nicht«, wurde gebrummt. »Die sind und bleiben so, wie sie sind. Da hilft nichts.«

In meiner Verzweiflung hörte ich auf damit und ging zum Gegenteil über: »Ihre Mitarbeiter sind schon demotiviert. Was können Sie tun, um sie noch mehr zu demotivieren? Dass sie sich vielleicht nie mehr bei der Arbeit engagieren, sondern nur noch krankmachen wollen?«

Auf dem Flipchart sammelte ich die Ideen. Es kam einiges zusammen! Und plötzlich wurden die Möglichkeiten sichtbar, die Stimmung durch das eigene Handeln zu beeinflussen – in die schlimmere, aber auch in die bessere Richtung.

Jeder fällt im Laufe eines Tages eine Unzahl von kleinen Entscheidungen. Natürlich ist uns das wenig bewusst, weil wir unserer täglichen Routine folgen. Aber grundsätzlich – was hindert uns daran, einmal aus diesem Schema auszubrechen? Es ist unsere Entscheidung, dieser Routine zu folgen. Wenn wir unser gewohnheitsmäßiges Handeln tatsächlich als Entscheidung wahrnehmen, gewinnen wir das Gefühl von viel mehr Freiheit in unserem Leben – auch wenn wir uns nach außen hin nicht anders als vorher verhalten.

Wie geht Michael mit den vielen kleinen Entscheidungen seines Alltags um? Steht er gleich nach dem Wachwerden auf und frühstückt dann in Ruhe? Oder dreht er sich noch einmal um und döst eine halbe Stunde weiter? Antwortet er freundlich auf das »Guten Morgen« seiner Frau oder brummt er nur eine gequälte Antwort? Macht er dann einen kleinen Spaziergang, um die Zeitung zu holen? Oder stiert er nach dem Frühstück vor sich hin und braucht die nächste halbe Stunde, um von seinem Stuhl hochzukommen?

Ständig fällt Michael Entscheidungen, die Rückwirkung auf seine Stimmung haben, sie verschlechtern die Laune, verbessern sie oder lassen sie neutral.

So, wie wir Michael bisher in der Krise kennen gelernt haben, ahnen wir bereits, was er tagtäglich wählt. Er hat noch eine Stunde weitergedöst, sein »Guten Morgen« nur gemurmelt und saß mit seinem Stierblick nach dem Frühstück lange weiter am Tisch. All das hat seine Stimmung nicht verbessert, sondern verschlechtert.

Muss er auf diese Weise ein Opfer der Krise bleiben? Der Trick, wie Michael sich als Handelnder erlebt, ohne tatsächlich etwas anders zu machen, ist ein Standpunktwechsel. Er definiert sich als Handelnder. Das geht einfach, indem er vor jeder seiner Aktivitäten – oder auch nachträglich – in Gedanken hinzufügt: »Ich entscheide mich dafür …«

Also, Michael sagt sich: »Ich habe mich dafür entschieden, eine halbe Stunde weiterzudösen.« – »Ich habe mich dafür entschieden, nur widerwillig ›Guten Morgen‹ zu nuscheln.« – »Ich habe mich dafür entschieden, nach dem Frühstück lange sitzen zu bleiben und keinen Spaziergang zu machen.«

Wenn er all seine Erfahrungen zusammenfasst und noch einen Schritt weitergehen will, dann sagt er: »Ich weiß, dass das alles meine Stimmung nicht verbessert, sondern verschlechtert. Ich habe mich dafür entschieden, es mir heute schlecht gehen zu lassen.«

Entscheidungen entdecken

Wenn Sie sich diesen Tag anschauen – wann immer hätten Sie sich leicht anders verhalten können?
Sagen Sie sich den Satz: »Es war heute meine Entscheidung, ______________________________.« (Setzen Sie Ihre Handlung ein.)
Wie geht es Ihnen mit dem Satz?
Wie hat sich das, was Sie getan haben, auf Ihre Stimmung ausgewirkt?

Jeder kennt Entscheidungen, bei denen er spontan reagiert und gleichzeitig um die negativen Folgen weiß. Das kann das Glas Wein oder das Stück Torte zu viel sein. Das kann das Aufschieben der Steuererklärung sein oder stundenlanges Vor-der-Glotze-Sitzen.

Den kleinen, aber entscheidenden Unterschied macht es, ob wir uns als Opfer der Umstände bzw. unseres inneren Schweinehunds sehen oder ob wir die Verantwortung für unser Handeln und seine Konsequenzen übernehmen. Als Opfer verlieren wir den Kontakt mit unserer »Power«, als Verantwortliche gewinnen wir diesen Kontakt.

Probieren Sie doch einmal aus, welchen Unterschied die jeweilige Formulierung für Sie selbst macht:

Die Opferrolle verlassen

Nehmen Sie eine Situation, in der Sie sich als Opfer Ihrer Schwäche, Entschlusslosigkeit, Feigheit (Sie können auch jeden anderen Ihrer Fehler nehmen) gefühlt und anders gehandelt haben, als Sie eigentlich wollten.
Dann sagen Sie sich: »In dieser Situation war ich ein Opfer meiner Schwäche. Ich konnte leider nicht ________________.«(Setzen Sie ein, was Sie gern getan hätten.)
Dann sagen Sie: »In dieser Situation habe ich mich dafür entschieden, ____________________.«(Setzen Sie ein, was Sie tatsächlich getan haben.)
Wie wirkt sich die unterschiedliche Formulierung auf Sie aus?

Vielleicht hätte ich Sie vorher warnen sollen. Wenn wir aufhören, uns als Opfer zu fühlen, kommen wir zwar zu unserer Kraft. Aber es ist nicht immer angenehm. Denn im Opfersein finden wir auch einen gewissen Trost und eine heimliche Geborgenheit. Wir können uns gehen lassen, müssen nichts tun, brauchen keine Entscheidungen zu fällen, und für irgendwelche Konsequenzen sind wir nicht verantwortlich. Ist das nicht der angenehme Zustand, den wir zuletzt als Kind erlebt haben? Oder noch früher, als wir geschützt und im Bauch der Mutter genährt wurden? Krisen haben die Eigenschaft, dass sie solche uralten Sehnsüchte wieder hervorrufen.

Wenn wir Verantwortung übernehmen, stellen wir uns auf unsere Hinterbeine als Erwachsene. Wir entdecken, dass wir uns entscheiden und dass wir uns auch anders hätten entscheiden können. Für die Konsequenzen unserer Beschlüsse sind wir selbst verantwortlich, keiner sonst. Das macht uns ein wenig einsamer, die Umgebung wird etwas kälter und nüchterner. Gleichzeitig spüren wir uns selbst mehr und unsere Kraft.

Aber Michael ist doch Opfer! Was hätte er denn davon, es sich bewusst schlecht gehen zu lassen und in der Krise stecken zu bleiben? Wie könnte er entscheiden, sich als Opfer der Krise zu fühlen? Das sind einleuchtende Fragen.

Wenn wir logisch weiterdenken und davon ausgehen, dass Michael sich dazu entschließt, in der Krise hängen zu bleiben, dann muss er gute Gründe dafür haben. Das müssten Gründe sein, die ihm wichtiger sind, als dass es ihm gut geht. Das sagt uns die Logik.

Aber stopp! In der Logik liegt eine große Gefahr. Logiker entwickeln sich oft zu Besserwissern und Rechthabern.

Außerdem funktioniert der Mensch nicht nur über die Logik. Deshalb gibt es vielleicht tiefere Gründe für eine Krise als eine bloße Entscheidung.

Es ist gefährlich, Michael einreden zu wollen, dass er sich für die Krise entscheidet, wenn ihm das nicht selbst klar ist oder wird. Die Gefahr besteht darin, dass er dadurch nicht zu mehr Kraft kommt, sondern zu weniger. Es geht ihm dann weiter schlecht wie vorher auch. Aber zusätzlich hat er noch ein schlechtes Gewissen bekommen, weil es ihm schlecht geht. Und das hat mein schlauer, logischer Hinweis verursacht.

So herrschte vor einiger Zeit in manchen Kreisen die Auffassung, dass Leute sich für ihren Krebs als Krankheit entscheiden. Für jemanden, der Krebs bekam, war diese Meinung fatal: Auf der einen Seite litt er unter dem Krebs, auf der anderen Seite soll er auch noch selbst schuld daran gewesen sein – und zu dumm, sich anders zu entscheiden.

Es ist gut, sich zwischendurch an die Ausgangsaussagen zu erinnern: Jeder Mensch ist einzigartig, und jede Krise ist einzigartig. Es geht darum, mehr zu seiner eigenen Kraft zu kommen. Was dazu hilft, ist richtig. Was da stört, ist falsch.

Deswegen wird es sinnvoller sein, mit meinen Ideen und Anregungen spielerisch zu experimentieren und sie für sich selbst zu überprüfen, statt sie von vornherein als richtig anzusehen.

Die versteckten Vorteile der Dauerkrise

Spannend kann die Antwort auf die Frage werden, welche Vorteile die Dauerkrise mit sich bringt. Ganz gleich, wie sehr jemand unter seiner bedrückenden Situation leidet, er wird trotzdem gewisse Vorteile aus ihr ziehen. Denn es würde einen Preis kosten, der Krise zu entkommen. Immer wenn jemand im Alltag beharrlich an einem guten Vorsatz scheitert oder ein Ziel nicht verwirklicht, dann enthält der gegenwärtige Zustand Vorteile, die der Betreffende nicht aufgeben will.

Wir haben alle Möglichkeiten, Situationen zu verändern, sind aber oft wie blind oder gelähmt. Diese Blindheit und Lähmung schützen vor unangenehmen Veränderungen. Denn Handeln ist nicht immer einfach. Es kostet etwas, und man verliert bestimmte Vorteile. Wer zum Beispiel ständig innerlich mit sich hadert, weil er so unfähig und kraftlos ist, hat dadurch einen großen Nutzen. Er muss nichts tun, keine Risiken eingehen, keine Konsequenzen ziehen.

Welchen Vorteil hat Johannes davon, dass er Abend für Abend vor dem Pantoffelkino sitzt? Zunächst wohl keinen großen, außer dass er sich gut im Fernsehprogramm auskennt. Aber was wäre die Alternative? Er könnte unter Leute gehen. Das will er jedoch nicht, weil er immer noch an Susanne hängt. Würde er innerlich endgültig einsehen und annehmen, dass die Beziehung vorbei ist und auch nicht wieder aufleben wird, dann täte er sich leicht, ab und zu auszugehen. Also spart ihm sein Dauerfernsehen die Einsicht in die Realität. Das ist sein Vorteil. Der Preis ist ihm (noch) zu hoch.

Bei Michael ist es ähnlich. Solange er leidet oder wütend ist, hängt er an der Vergangenheit fest. Er muss seine Arbeitsstelle innerlich nicht ganz loslassen und sich nicht nach neuen Alternativen umsehen. Sein Vorteil ist, sich nicht mit der harten Realität vollständig auseinander setzen zu müssen.

Nicole wird von unbestimmten Ängsten geplagt. Was ist ihr Vorteil? Die Antwort fällt nicht leicht. Dann ist eine Alternativfrage hilfreich: Was könnte ein möglicher Nachteil sein, wenn sie diese Ängste aufgibt? Nun, sie könnte arglos und vertrauensvoll weiter zur Arbeit gehen und dann plötzlich von ihrer unerwarteten Entlassung geschockt werden. Sie wäre ganz und gar unvorbereitet. Das ist gefährlich. Die Evolution hat unsere geistigen Fähigkeiten (auch) deshalb entwickelt, damit wir in Gefahren besser überleben können. Ihre Ängste bereiten sie auf die Möglichkeit einer Entlassung vor.

Ein Vorteil der Krise

Wenn Sie sich in einer Krise befinden – was ist Ihr Vorteil, die Krise aufrechtzuerhalten?

Spielen Sie frei mit allen Möglichkeiten. Manchmal lassen sich überraschende Einsichten gewinnen!

Noch mehr Krisenbewältigungsfragen

All diese Fragen zielen in die gleiche Richtung. Sie wollen neue Gedanken anregen und wieder das Gefühl der Kontrolle ermöglichen. Denn eine Krise schlägt uns in ihren Bann und lähmt uns. Es ist, wie wenn ein Wanderer direkt vor einer riesigen Steilwand steht, die ihm unbezwingbar erscheint. Er weiß, dass oben die Sonne scheint, aber die Felswand blockiert ihn. Wie hinaufkommen? Er sieht keinerlei Möglichkeiten und fängt an zu verzweifeln.

Die »Krisenwand« lässt sich jedoch kleiner machen, und damit wird sie leichter bezwingbar. Kleiner wird die Wand, wenn wir nicht immer nur *eine* Krise sehen, sondern darin viele Bereiche entdecken, die es aufzuschlüsseln gilt (siehe Kasten).

In welche Bereiche erstreckt sich Ihre Krise?

Geben Sie jedem Bereich eine Punktzahl zwischen 1 (hier geht es mir absolut schlimm) und 100 (hier geht es mir hervorragend).

Gedanken ___
Arbeit/Tätigkeiten ___
Familie und Beziehung ___
Freunde ___
Körperliche Aktivität und Bewegung ___
Noch ein persönliches Thema ___

Wenn Sie irgendwo einen oder zwei Punkte dazugewinnen wollten – wo wäre es am einfachsten?
Was müssten Sie tun?

So werden aus einem scheinbar unbezwingbaren Mount Everest eine Reihe kleinerer Berge, von denen aber jeder für sich leichter zu bewältigen ist. Nur eben nicht alle auf einmal gleichzeitig, sondern der Reihe nach!

General Custer hat damals im Wilden Westen eine berühmte Schlacht gegen die Indianer verloren. Aber man weiß: Er hätte sie gewinnen können, wenn die Indianer einzeln über den Hügel gekommen wären!

Sie können Ihre Krise auch anders aufteilen, nicht nach Themen, sondern nach Zeitabschnitten. Wir überschätzen nämlich allzu oft die Beständigkeit der Krisenstimmung und übersehen dabei alles andere.

Krisenzeit

Wenn Sie es in Stunden oder Minuten ausdrücken müssten, wie lange sind Sie täglich im Krisenzustand?
Wann zeigt sich die Krise normalerweise am stärksten?
Wann am Tag mehr – eher morgens oder eher abends?
Was macht den Unterschied?
Was machen Sie anders, wenn die Krise schwächer ist?
Gibt es Zeiten, in denen Ihr Krisenzustand ganz weg ist? Oder zu 90 Prozent?
Was machen Sie da anders?
Wie ist Ihnen das möglich?

Interessant ist zusätzlich die Außenperspektive. Denn manchmal sehen andere mehr oder etwas, was man selbst nicht empfindet. Deshalb noch:

Die Außenperspektive

Wie viele Stunden oder Minuten am Tag kann ein Außenstehender Ihren Krisenzustand wohl nicht wahrnehmen?
Was ist dann anders?

Je mehr Sie solche Fragen beantworten, desto mehr werden die eigenen Möglichkeiten bewusst. Die Passivität kann sich zurückziehen, wenn neue Optionen am Horizont auftauchen. Doch darüber hinaus gibt es noch einen anderen Bereich, dem der Rest dieses Kapitels gewidmet ist. Wie es ein Buchtitel ausdrückt: Kein Mensch ist eine Insel.

Passivität und Gottvertrauen

Ich werde Ihnen jetzt eine Geschichte erzählen. Es ist eine Geschichte, die von einem frommen Mann erzählt, welcher sein ganzes Leben Gott weihte. Täglich betete er, ging zur Kirche, und sein Gottvertrauen wuchs immer mehr.

Dann kommt ein Herbst mit heftigen Gewittern und Stürmen. Der nahe gelegene Fluss tritt aus den Ufern und steigt immer höher. Der Dorfpolizist klopft an der Tür unseres Mannes: »Eine Überschwemmung droht. Alle sollen die Häuser verlassen. Es wird zu gefährlich hier.« Der Mann geht zurück in seine Stube und betet. Dann kommt er zurück und sagt: »Ich vertraue auf Gott, und deshalb bleibe ich.« Beeindruckt von solchem Gottvertrauen, zieht der Polizist weiter.

Die Flut kommt. Zuerst tritt das Wasser über die Schwelle, dann steigt es bis zum ersten Stock. Vor dem Haus und um das Haus herum sind nur noch riesige Wassermengen. Da kommt ein Boot vorbei. Ein Nachbar sitzt darin und ruft unserem Mann zu, der am Fenster steht: »Komm schnell, du kannst noch reinkommen.«

»Nein«, sagt der Mann, »ich vertraue auf Gott.« Und der Nachbar fährt weiter mit seinem Boot.

Die Flut steigt höher und höher. Schließlich bleibt dem Mann nichts anderes übrig, als aufs Hausdach zu steigen. Das Wasser steigt weiter, geht bald bis zu den Knien, dann bis zum Bauch und weiter bis zur Brust. Da, in letzter Minute, kommt ein Rettungshubschrauber vorbeigeflogen.

»Komm hoch, wir holen dich hier raus! Schnell, wir müssen weiter und noch andere retten.«

Ha, denkt sich da der Mann, das ist die letzte Prüfung, ob ich wirklich Gott vertraue. Stolz sagt er zum Piloten: »Nein, ich bleibe. Denn Gott wird mich retten!« Und der Hubschrauber fliegt weiter.

Das Wasser steigt dem Mann bis zum Hals. Dann darüber hinaus – und er ertrinkt jämmerlich.

Er kommt in den Himmel, wo Gott schon auf ihn wartet. Frustriert sagt ihm der Mann: »Ich habe mein ganzes Leben lang an dich geglaubt, zu dir gebetet und dir so sehr vertraut. Und du lässt mich einfach ertrinken. Schöne Bescherung!«

»Nein«, meint Gott. »Ich bin dreimal zu dir gekommen, um dich zu retten.«

»So? Wie denn?!«

»Das erste Mal als Polizist, der dich warnte, das zweite Mal als Nachbar, der dich im Boot mitnehmen wollte, und das dritte Mal als Hubschrauberpilot.«

Nicht jeder hält stur so lange durch wie der »Held« in dieser Geschichte. Wahrscheinlich taucht in unserer eigenen Krise auch kein Hubschrauberpilot auf, der uns mitnehmen will. Aber übersehen nicht auch wir viele kleine Rettungsangebote, weil wir nur etwas Bestimmtes annehmen und vorher keinen einzigen Schritt gehen wollen?

Es kann aber auch sein, dass für Ihre eigene Situation eine andere Geschichte besser passt, die Sie wahrscheinlich schon kennen. Das ist die Geschichte von den zwei Fröschen in der Milch. Beide strampeln und kommen nicht aus eigener Kraft heraus. Der Pessimist gibt auf und ertrinkt, der Optimist gibt nicht auf, strampelt weiter – bis er dann irgendwann aus der zu Butter gewordenen Milch heraushüpfen kann.

Wenn jemand einem solchen Frosch die Hand reichen will, um ihn vor dem Ertrinken zu retten, dann nimmt er sie nicht. Denn er möchte aus eigener Kraft aus der Krise kommen und strampelt wild weiter, bis die Butter da ist.

Suchen Sie sich ganz einfach die Geschichte und die Lösung aus, die Sie am liebsten haben oder die am besten zu Ihnen passen.

Einzelkämpfer gehen verloren

Eine häufige Reaktion von jemandem, der in eine Krise kommt – speziell Männer neigen dazu: Er zieht sich zurück. Michael ist ein typisches Beispiel dafür. Er mag nicht mit seiner Frau darüber reden, wie es ihm geht. Er grübelt allein vor sich hin; und wenn er einmal einen Freund trifft, vermeidet er jedes Thema, das mit Arbeit und Arbeitslosigkeit zu tun hat.

Auf Dauer ist dieser Rückzug eine ungünstige, schlechte Strategie. Einzelkämpfer gehen verloren (nicht jeder hat so viel Glück wie unser Frosch, dessen Milch zu Butter wird!). Wer sich abkapselt, schwächt sich. Wer auf andere zugeht, stärkt sich.

Stimmt das immer? Es sieht so aus, wie ein nächstes, überraschendes Experiment zeigt. Sein Thema ist der Schnupfen. Im Winter haben ja viele Leute Angst, sich anzustecken, weil zahlreiche Erkältungsviren in der Luft schwirren. Ist es da nicht sicherer, Kontakte zu meiden und sich ein Stück abzukapseln?

Amerikanische Wissenschaftler testeten freiwillige Versuchspersonen zunächst mit Persönlichkeitsfragebögen auf ihre Geselligkeit, checkten dann die Gesundheit und infizierten schließlich ihre Opfer mit Schnupfenviren. Hinterher wurde festgestellt: Wer litt wie stark unter Erkältung? Nicht nur Leidensberichte zählten, sondern auch objektive Messungen wurden gemacht, zum Beispiel wie viele Viren die Probanden hatten und wie viele Schnupfenanfälle sie bekamen. Ausgangspunkt für den Vergleich waren die vor dem Experiment gleich verteilten Antikörper.

»Tatsächlich, so das erstaunliche Ergebnis, wirken menschliche Begegnungen offenbar wie ein Virenpanzer – jedenfalls was Erkältungserreger betrifft.«[23] Das paradoxe Ergebnis: Wer gesellig lebt, ist geschützter vor Erkältungen. Je isolierter und zurückgezogener man ist, desto leichter wird man angesteckt. Kontakt hingegen stärkt und schützt.

Ob das Gleiche nicht auch für »Krisenviren« gilt? Wer viel Kontakt mit anderen hat, dessen »Krisenerkältungen« sind

[23] Reinhardt.

seltener und haben einen besseren, schonenderen Verlauf. Vor allem ist es wichtig, bei Freunden, die einem gut zuhören können, einmal sein Herz ausschütten zu können.

Und was, wenn einen die Freunde nicht zu verstehen scheinen und nur platte, aufmunternde Floskeln zur Verfügung haben? Vielleicht weil sie nicht wissen, wie sie den rechten Ton für jemand finden, der leidet?

Wer einen versteht, das sind Gleichgesinnte, Leute, die in einer ähnlichen Situation stehen oder standen. Deswegen ist es gut, die Augen offen zu halten, um zu sehen, wen zur selben Zeit ein vergleichbares Schicksal trifft. Auch ist es heute mit dem Internet leichter denn je zuvor, Gleichgesinnte zu finden, mit denen man sich austauschen kann. So habe ich bei www.google.de nur die zwei Stichwörter »Selbsthilfegruppen« und »arbeitslos« eingegeben und bin auf 1570 Einträge gestoßen.

Wenn Michael sucht, findet er zum Beispiel unter dem Stichwort »arbeitslos ab 45« auf www.generation45plus.at folgenden Text:

> »Wir stellen Ihnen unsere Selbsthilfegruppe Fundament Generation 45plus vor und freuen uns, wenn Sie in irgendeiner Form mitmachen wollen. Wir werden ein Netzwerk von Gleichgesinnten aufbauen, Eigeninitiative entwickeln und so unsere Chancen am Arbeitsmarkt wesentlich und nachhaltig verbessern. Gemeinsam erreichen wir mehr, neue Möglichkeiten werden sich ergeben. Außerdem können wir auch so leichter mit der Situation umgehen; soziale Einbindung statt Ausgrenzung ist schon das erste Ergebnis.«

Weiter schreibt der Gründer Roman Valent zur Entstehungsgeschichte der Selbsthilfegruppe:

> »Der Anlass zu der Initiative war meine eigene Betroffenheit. Ich wurde mit fünfzig Jahren arbeitslos, war bis dorthin als Referatsleiter im Zentraleinkauf eines großen Konzerns tätig, und zwar auch sehr erfolgreich. Ich habe dann gesehen, wie schnell es gehen kann, wenn es darum geht, weitere, zusätzliche Einsparungsmaßnahmen zu finden, wie das Management unter Erfolgszwang kommt. Ich habe dann auch gesehen, wie viele Mitarbeiter, die sehr viel zum Unternehmenserfolg beigetragen haben, scheinbar plötzlich zu alt sind für ihre Aufgaben, was eigentlich meistens zu teuer bedeutet. Und wie sich Ältere dann eben wertlos vorkommen, sich genieren, nach vielen erfolglosen Bewerbungen für einen Job resignieren, müde werden, verzweifelt sind. Sie fühlen sich ausrangiert, zum alten Eisen degradiert. Das ist aber nicht notwendig, da können wir ruhig selbstbewusster sein.«

Wenn Michael hier Kontakt aufnimmt, trifft er auf viele in ähnlicher Lage.

Genauso wird Johannes auf die Stichwörter »Selbsthilfegruppe«, »Scheidung«, »Männer« mit etwas Surfen unter den 1760 Möglichkeiten einige passende finden, um zu entdecken, dass er nicht allein in seiner Situation ist. Und Nicole verweise ich auf Chatrooms zum Thema »Ängste«, wo sie unter 12500 Angeboten ebenfalls fündig werden wird.

Der Austausch über die eigenen Schwierigkeiten und Ängste mit Menschen in ähnlicher Situation erleichtert und befreit. Gefühle von Isolation und Einsamkeit hingegen machen krank und lähmen.

Aber man kann noch mehr tun, als sich nur auszutauschen. Seligman berichtet von seinen Studenten, die wissen wollten, ob Glück eher durch Spaß und Vergnügen oder durch Hilfsbereitschaft kommt. Sie gaben sich die Aufgabe, eine Woche lang einmal ganz bewusst etwas zum eigenen Vergnügen zu tun – und dann wieder bewusst etwas Freundliches für jemand anderen. Sie wollten vergleichen, was dabei mit ihnen selbst passiert.

Es kam zu ganz überraschenden Ergebnissen. Grundsätzlich stellten die Studenten fest, dass ihr eigenes Vergnügen relativ begrenzt in der Auswirkung auf sie selbst blieb. Es war recht nett, mehr nicht, und die Wirkung verblasste rasch. Anders waren die Auswirkungen, wenn jemand spontan einem anderen etwas Gutes getan hatte. Sie fühlten sich besser, und das hielt oft den ganzen Tag an.

Eine Studentin erzählte davon, wie sie ihrem Neffen eine Stunde bei seinen Rechenaufgaben geholfen hatte. Anschließend war sie erstaunt darüber, dass »ich für den gesamten Rest des Tages besser zuhören konnte, ich war heiterer, und die Menschen mochten mich einfach mehr als gewöhnlich«.[24]

[24] Seligman (2), S. 28.

Kapitel V
Es gibt Teile in mir, die haben sich noch nicht das Du angeboten!

Es kann gut sein, liebe Leserin, lieber Leser, dass Ihnen das bisher angebotene Handwerkszeug schon genügt. Dargestellt wurde, wie sich Gedanken durch die Beschäftigung mit ihnen verändern lassen und wie sich dadurch Einstellungen wandeln. Dabei haben Sie entdeckt, wie viel Kontrolle Sie trotz allem auch in einer ungünstigen Lage haben. Ihre Krise wird sich allmählich in den Hintergrund zurückziehen und irgendwann in der Vergangenheit verschwunden sein.

Es kann aber auch sein, dass Sie zwar vieles interessant fanden (sonst würden Sie ja auch nicht bis zu dieser Stelle weiterlesen). Aber etwas hat noch nicht »gezündet«. Der Zündschlüssel für Ihr Schloss war nicht dabei. Die Impulse zum Handeln oder Umsetzen waren bisher zu schwach. Ihr Motor ist noch nicht angesprungen.

Es gibt jedoch noch einige weitere Schlüssel in meiner Tasche, und vielleicht ist einer dabei, der besser in Ihr Schloss passt. Nachdem wir uns bisher mit dem Denken und Handeln befasst haben, sollen jetzt mehr die Gefühle ins Spiel kommen.

Ordnung ins Chaos der Gefühle bringen

Gefühle sind eine Grundlage erfolgreichen Handelns. Wie der Neurobiologe und Gehirnforscher Antonio Damasio sagt,[25] ist der evolutionäre Sinn unserer Gefühle in erster Linie, das Leben zu bewältigen, indem sie in brenzligen Situationen helfen, ohne langes Nachdenken die beste Entscheidung zu treffen. Die Emotionen existieren schon seit Jahrmillionen, und alle diese Prozesse laufen automatisch und unbewusst ab. »Auch Schnecken haben Emotionen« – darauf weist Damasio hin. Allerdings sind menschliche Gefühle sehr komplex, weil der Mensch »nicht nur Gefühle und Empfindungen hat, sondern dies auch weiß, und dass er seine Gefühle in Verbindung zu seiner Geschichte, seiner Autobiographie setzen kann«.

Wie wir immer wieder am eigenen Leib erfahren, ist es schwieriger, mit Gefühlen umzugehen als mit Gedanken. Gefühle haben mehr Substanz, sie erfahren wir körperlich, während Gedanken durch den Kopf ziehen und sich immer wieder schnell wandeln können. Gleichzeitig drehen sich mit heftigen Gefühlen auch die Gedanken immer schneller und werden weniger eindeutig und fassbar. Man kann über sie nicht mehr einfach bei Nichtgefallen diskutieren und sie ändern. Es ist wie in einer Schulklasse, wenn der Lehrer krank ist. Die Disziplin löst sich auf. Was vorher überwiegend geordnet und vernünftig war, gerät durcheinander.

[25] Damasio.

Viele der Gedanken sind mit Gefühlen aufgeladen. Da gibt es ängstliche Gedanken: »Das wird ja nie mehr etwas!« Da gibt es kritische: »Wie du dich gerade wieder angestellt hast!« Da gibt es ärgerliche: »Das ist ja eine Unverschämtheit, wie der mich behandelt!« Und dergleichen. Bisweilen herrscht im Inneren ein einziger Wirrwarr.

Die Gedanken untereinander widersprechen sich, die Gefühle schwanken. Wir sind gespalten und innerlich uneins. Wo soll in diesem Durcheinander die Kraft für das Handeln herkommen? Unerwartete Gefühle werden wach und übernehmen einen Teil der Kontrolle über unser Handeln.

Dabei haben Gefühle immer unterschiedliche Schichten. Da mag an der Oberfläche Angst sein, und darunter ist Wut. Oder es zeigt sich Verwirrung, und darunter ist Schmerz. Wenn wir tiefer eindringen, dann sind wir näher bei dem, was uns wirklich wichtig ist. Mit dem Verständnis dafür wandeln sich Gefühle leichter.

Fahrstuhl der Gefühle

Sorgen Sie dafür, dass Sie ungestört sind, und entspannen Sie sich.
Denken Sie an Ihre Krise und nehmen Sie das vorherrschende Gefühl dabei wahr.
Stellen Sie sich jetzt Folgendes vor: Sie nehmen das Gefühl mit und betreten einen Fahrstuhl, der in die Tiefe führt. Sie befinden sich noch im Erdgeschoss.
Drücken Sie nun auf den Knopf der ersten Kelleretage.
Fahren Sie ein Stockwerk hinab, und öffnen Sie die Tür.
Schauen Sie auf das Bild, das Sie hier sehen. Nehmen Sie das Gefühl wahr, das damit verbunden ist.

Dies praktisch zu erfahren, dazu dient die Übung »Fahrstuhl der Gefühle« (siehe Kasten). Auch die Einsichten der nächsten Abschnitte helfen weiter in diesem Irrgarten, um mehr zu einer inneren Ordnung zu kommen.

Der Mensch – Gummiball oder Münze?

Münzen werden geprägt. Ein Stück Metall wird in die Prägemaschine gegeben, die das Metall mit hohem Druck zusammenpresst. Am Ende des Prozesses hat sich das Bild von Ober- und Unterstempel auf dem Metall eingeprägt und wird sich nie mehr verändern – eine Münze ist entstanden. Mit der Zeit wird sie abgegriffen, verliert etwas an Profil, aber sie kann noch nach Jahrtausenden erkannt werden.

Gummi ist ein ganz anderes Material als das Metall der Münzen. Zu Beginn reagiert der Gummiball genauso wie das Metall: Man kann ihn zusammenpressen und seine Form ändern. Lässt aber der Druck nach, bleibt er nicht etwa so, sondern verändert sich sofort und nimmt wieder seine frühere Form an. Metall hingegen wird immer so bleiben, wie es der letzte Druck zurückgelassen hat.

Auch Menschen stehen sehr unter Druck. Er mag von außen kommen durch die Erwartungen und Forderungen von anderen. Aber genauso viel Druck kann innen aufgebaut werden durch die Erwartungen und Forderungen, die jemand an sich selbst hat.

Menschen ähneln mehr dem Gummiball, weil sie sich durch Druck nicht bleibend prägen lassen. Äußerlich sieht es oft so aus. Aber es gibt eine innere Kraft in ihnen, einen heimlichen Widerstand, der sich gegen die Last zur Wehr setzt.

Werfen wir einen Blick zurück auf die Untersuchungen Loehrs bei Spitzensportlern. Optimale Leistung erfolgt danach nur bei positiver freudiger Energie. Aber gibt es hier nicht einen klaren Widerspruch? Gerade Wettkämpfer stehen doch unter einem enormen Druck. Da kommen als einmalige Chance Olympiade oder Weltmeisterschaft. Dafür wurde jahrelang eisern trainiert. Das muss doch eine enorme innere Anspannung ergeben. »Das ist die einzigartige Chance für dich!« – »Das ganze Training darf doch nicht umsonst gewesen sein?!« Dazu kommt, dass die eigene Nation, die unzähligen Fernsehzuschauer Erwartungen, ja Forderungen haben.

Wie gehen denn Spitzensportler mit diesem Druck um? Ist Druck nicht vielleicht doch die Voraussetzung für ihre besonderen Leistungen? Sollte sich jemand in einer Krise nicht ebenfalls Druck machen? Weil ihm das hilft, sich wieder freizustrampeln? Ist der Druck, den sich Johannes, Michael und Nicole machen, nicht vielleicht doch hilfreich? Vielleicht wären sie ohne ihn schon ganz am Boden zerstört.

Durch seine Befragungen hat Loehr bahnbrechende Erkenntnisse über inneren und äußeren Druck und seine Auswirkungen gewonnen. Danach sind die üblichen Vorstellungen über die Bedeutung von Druck und innerem Zwang falsch. Druck ist keine Voraussetzung ausgezeichneter Leistung, ja nicht einmal eine Unterstützung für sehr gute Leistung:

»Eine der wichtigsten und überraschendsten Entdeckungen, die sich aus den Berichten der Befragten ergab, war, dass mental starke Spieler unter Druck nicht gut spielen. Die Erkenntnis war, dass unter Druck niemand gut spielt – auch die Superstars nicht. Geübte und erfahrene Wettkämpfer spielen gut in Situationen, in welchen sie unter Druck stehen, gerade weil sie den auf ihnen lastenden Druck eliminiert haben.«[26]

Ein Wettkampf, und besonders wenn viel Erwartungen auf einem ruhen, ist immer eine schwierige Situation. Aber diese Erwartungen haben keine automatischen Auswirkungen. Es liegt in der Hand – oder genauer gesagt – im Kopf des Wettkämpfers, wie er damit umgeht. Der eine Sportler strukturiert die schwierige Situation geistig so, dass sie höchst bedrohliche Formen annimmt, und der andere betrachtet sie mit Erfolg als eine Herausforderung.

Durch manche Gedanken erhöht sich der innere Druck. Die Anspannung steigt und mit ihr das Risiko von Fehlern. »Was geschieht, wenn ich nicht gut bin?« – »Heute ist wirklich nicht mein bester Tag. Streng dich mehr an.« – »Wenn ich es jetzt nicht schaffe, dann verliere ich.«

Der Druck geht weg, wenn Gedanken da sind wie die folgenden: »Ich gebe einfach mein Bestes.« – »Auf diese Begegnung freue ich mich schon lange.« – »Ich liebe schwierige Situationen, je schwieriger die Situation, umso besser werde ich.«

Zurück von den Olympiakämpfern zu uns selbst in einer schwierigen Situation! Was sind die Schlussfolgerungen? Druck raubt auch in der Krise die Kraft für Lösungen. Da-

[26] Loehr (1), S. 39.

bei kommt es gerade jetzt darauf an, alle Energie einzusetzen.

Man macht sich in der Krise Druck, indem man alle heftigen Gefühle wie Trauer und Zorn möglichst unterdrückt. Durch die Köpfe von Nicole, Michael und Johannes gehen Gedanken wie: »Lass dich nicht so gehen!« – »Du müsstest viel schneller darüber hinwegkommen!« – »Andere packen es doch auch!« – »Raff dich doch endlich auf und tu was!«

Dabei erklingt jeder dieser Sätze vor dem inneren Ohr in einem bestimmten, ärgerlichen Tonfall. Das sind keine klugen, vernünftigen Gedanken, sondern eher verletzende Beschimpfungen. Die Sätze, die durch den Kopf gehen, erzeugen unmittelbaren Druck und Selbstzweifel. Sie schwächen, lähmen und deprimieren.

Da ist kaum Freundlichkeit. Deswegen passt die Überschrift »Es gibt Teile in mir, die haben sich noch nicht das Du angeboten!«[27]

Sätze, die Druck machen

Was sind Ihre eigenen Lieblingssätze, mit denen Sie sich in Krisen herabsetzen und Druck machen?

Kein Mensch mag Druck! Druck erzeugt Gegendruck. Jeder will die freie Kontrolle über das eigene Handeln haben. Druck nimmt diese Freiheit. Deswegen gibt es ein automatisches, instinktives und oft unbewusstes Wehren dagegen – mit der Folge, dass die Leistung nachlässt.

Oft wird das Ziel, das der Druck erreichen soll, heimlich

[27] Michael Marie Jung.

boykottiert. Dieser innere Teil, der so für die eigene Freiheit kämpft, wird aber von uns eher wie ein Terrorist behandelt. Deswegen beschimpft man ihn, indem man ihn »inneren Schweinehund« nennt.

Ziel sollte es stattdessen sein, mehr und mehr den inneren Druck abzubauen. Aber nachdem wir uns alle im Laufe unseres Daseins so an diesen Druck als selbstverständlichen Begleiter gewöhnt haben, ist das eher eine Lebensaufgabe als ein kleiner Schritt.

Hier kommt ein überraschender, aber wirkungsvoller Vorschlag, Ihren Lieblings-Kritiksatz ein Stück zu entmachten:

Kritiksätze entmachten

Erinnern Sie sich an eine Situation, in der Sie sich mit Ihrem Lieblings-Kritiksatz Druck gemacht haben.
Hören Sie diesen Satz vor dem inneren Ohr.
Jetzt finden Sie eine Melodie, mit der Sie diesen Satz singen. Experimentieren Sie mit verschiedenen Melodien.
Nehmen Sie eine witzige Variante und singen Sie den Satz innerlich ein paar Mal.
Wie ändert sich dadurch die Ausgangslage?

»Humor ist, wenn man trotzdem lacht« – aber allzu oft wollen wir nur kämpfen und uns anstrengen.

Wenn Sie Ihren Lieblingssatz, mit dem Sie sich Druck machen, in Ihrem Alltag entdecken, dann behandeln Sie ihn einfach als alten, etwas lästigen Bekannten, der in bestimmten Situationen immer wieder auftaucht. Wenn Sie ihn zu ernst nehmen und ihn mit Gewalt verscheuchen wollen, stärken Sie ihn. Leichter machen Sie es sich, wenn Sie ihn begrüßen, ja manchmal richtig auf ihn warten. »Ach, du schon wieder! Du musst jetzt auch noch kommen, sonst würde mir etwas fehlen…«

Es gibt noch mehr Möglichkeiten, den Druck besser zu verstehen und dadurch zu lösen.

Wer bin ich, und wenn ja, wie viele?

Woher nur kommt der Druck? Jeder kennt ihn, kaum einer versteht ihn. Stattdessen treibt er uns an, stresst und schwächt uns.

Die so genannte Transaktionsanalyse hat ein einleuchtendes Modell entwickelt, das hilft, uns gerade auch in Krisen besser zu verstehen. Ursprünglich geht es darum, dass Konflikte zwischen Menschen oft dadurch entstehen, *wie* sie miteinander sprechen. Danach hat der Mensch drei verschiedene Ich-Zustände, aus denen heraus er reagiert und nach denen sich alle seine Sätze einordnen lassen. Es gibt das Erwachsenen-Ich, das Eltern-Ich und das Kind-Ich. Im Erwachsenen-Ich finden wir all die Informationen, die wir als Erwachsene geben und bekommen. Im Eltern-Ich stecken all die Sätze und Umgangsweisen, die wir von unseren Eltern gelernt haben, und im Kind-Ich stecken all die kindlichen Sätze und Verhaltensweisen.

Jeder Satz, den jemand sagt, kann einem dieser Ich-Zustände zugeordnet werden. Es kommt dabei auf den Tonfall an, den Inhalt, die Wortwahl und Haltung, Mimik und Gestik. Deshalb stammt ein Satz wie »Jetzt ist es zu spät« aus dem Erwachsenen-Ich, wenn nur ganz neutral eine Information ohne große gefühlsmäßige Beteiligung mitgeteilt wird. Wird der Satz dagegen in einem vorwurfsvollen, ärgerlichen Ton gesagt, die Stirn dabei gerunzelt und ein strenger Blick aufgesetzt, dann ist das Eltern-Ich am Werk. Denn dieses fühlt sich immer groß und spricht wie zu einem Kind.

Praxisnah lassen sich Ich-Zustände noch weiter unterteilen. Das Eltern-Ich splittet sich auf in ein kritisches und ein fürsorgliches Eltern-Ich. Viele Sätze, mit denen wir uns Druck machen, kommen aus der kritischen Variante. Für eine bildhafte Vorstellung typisch ist der ausgestreckte Zeigefinger, der auf das Gegenüber zielt. Hören Sie nur genau hin, und stellen Sie sich den entsprechenden Gesichtsausdruck vor: »Lass dich nicht so gehen!« – »Jetzt hab dich doch nicht so!« – »Du müsstest viel schneller darüber hinwegkommen!«

Unser Kind-Ich empfängt innerlich solche Botschaften und reagiert sofort darauf. Es unterteilt sich in drei Bereiche: das angepasste, das rebellische und das freie Kind-Ich. Das freie Kind ist unbeeinflusst, unbeschwert und spontan.

Wie sieht die innere Reaktion von Michaels drei Kind-Ichs aus, wenn sein kritisches Eltern-Ich folgenden Satz zu ihm sagt: »Du bist der letzte Versager!«?

Die angepasste Reaktion von Michael ist es, sich schuldig zu fühlen, ja, zu verzweifeln. »Aber ich kann doch nichts machen! Was soll ich nur tun?!« Das sind die Zeiten, wenn er sich in stundenlanges Grübeln flüchtet. Der Vorwurf ist ungerecht, aber das Kind hat keine Möglichkeit, sich ein vernünftiges Urteil zu bilden.

Doch es gibt auch Momente, in denen die Reaktion auf

den Vorwurf aus Michaels rebellischem Kind-Ich kommt. Dann wird er sauer. »Ich bin doch gar nicht schuld! Ich habe überhaupt nicht versagt. Es sind die unfähigen Chefs, die die Firma in den Ruin getrieben haben. Die müssten vor den Kadi!« Wehe, seine Frau sagt in solchen Momenten etwas zu ihm! Dann bekommt sie eine gehörige Ladung seines Ärgers ab.

Das freie, spontane Kind-Ich wird in der Krise meist vergessen oder sogar unterdrückt. Aber auch das Erwachsenen-Ich, das vernünftig ist, die Realität anschaut und mit beiden Füßen auf dem Boden steht, kommt oft zu kurz. Deshalb haben die vorherigen Kapitel viele Fragen gestellt, die das Erwachsenen-Ich beantworten konnte, wodurch es gestärkt wurde.

Wichtig ist schließlich noch das fürsorgliche Eltern-Ich. Das ist der liebevolle Teil, der tröstet, aufmuntert und Mut macht, so, wie wir es alle auch von unseren Eltern her kennen: »Du schaffst das schon.« – »Jetzt nimm das Ganze nicht so tragisch.« – »Morgen sieht die Welt schon wieder anders aus.«

Solche Sätze sagen wir uns auch selbst innerlich mit einer ganz anderen Stimme als die strengen und kritischen. Leider ist bei den meisten der kritische Teil stärker als der fürsorgliche. Aber auch hier gilt: Wir können dem fürsorglichen Teil mehr Raum geben und ihn langsam stärker machen. Gerade in der Krise sind Trost und Fürsorge zwischendurch unentbehrlich!

Die verschiedenen Ich-Zustände und Ihre Reaktion

Was sind in der Krise häufige Reaktionen Ihrer Ich-Zustände?
Kritisches Eltern-Ich?
Fürsorgliches Eltern-Ich?
Erwachsenen-Ich?
Angepasstes Kind-Ich?
Rebellisches Kind-Ich?
Freies Kind-Ich?

Was sind fürsorgliche Sätze, die Sie sich selbst sagen können?
Jetzt im Moment?

Im Grunde kommt es darauf an, dass Sie eine ausgewogene, unterstützende Mischung finden. Viel zu oft drängen sich in der Krise kritisches Eltern-Ich, angepasstes und rebellisches Kind-Ich in den Vordergrund und bestimmen die ganze Szene. Außerdem hängt es noch von dem richtigen Zeitpunkt ab, wann das eine Verhalten und wann das andere angesagt ist.

Johannes kommt von der Arbeit nach Hause in seine leere Wohnung zurück. Mit einem Schlag fällt ihm die Scheidung wieder ein. Ihn zieht es nur noch zu seinem Fernsehsessel, und er lässt sich deprimiert hineinfallen. Dann taucht ein Gedanke in ihm auf: »Vielleicht sollte ich jetzt doch wieder einmal joggen?« Wie reagieren seine verschiedenen Ich-Zustände?

Das Erwachsenen-Ich wägt vernünftig ab: »Sport ist gesünder, als ständig fernzusehen. Sport steht an.« Das kritische Eltern-Ich rüffelt: »Du bist schon seit vier Wochen nicht mehr gelaufen! Du Niete!! Los, Sportschuhe an die Füße!« Das fürsorgliche Eltern-Ich hat eine andere Idee: »Gönn dir doch mal etwas Ruhe und lies ein gutes Buch, damit du auf andere Gedanken kommst.«

Das rebellische Kind-Ich reagiert sofort trotzig auf die Eltern-Ichs: »Ich denk doch nicht dran, Sport zu machen, und lesen mag ich auch nicht. Ich schalt die Glotze an, fertig!« Das angepasste Kind-Ich widerspricht: »Doch, ich sollte wirklich einmal wieder Sport machen, und Lesen wäre auch gut.« Da rührt sich das freie Kind-Ich. Es hält von alldem nicht viel und hat eine ganz andere Idee: »Ich nehme ein Schaumbad und lass es mir gut gehen.«

Verwirrend, nicht wahr? Aber kommt es Ihnen nicht auch bekannt vor, was Gunther Schmidt einmal so formulierte: »Wer bin ich, und wenn ja, wie viele?«? Jeder dieser Teile hat eine gute Absicht – aber meistens widersprechen sie sich.

Wer sich mehr über die inneren Stimmen im Kopf klar wird, der findet leichter einen eigenen Weg zu dem, was ihm gut tut und wozu er im Moment Lust hat. Denn es gibt Zeiten, in denen Bewegung angesagt ist, dann braucht es zwischendurch Ruhe und Entspannung und ab und zu Rückzug und Verwöhnung. Die richtige Kombination macht es!

Wenn wir genauer hinhören, können wir die Teile besser verstehen und leichter unterscheiden. Dabei hilft es, die oben beschriebene Ordnung zu entdecken. Da gibt es Teile, die von den Eltern übernommen sind, und dann gibt es Teile, die eher blind und automatisch als Kind darauf reagieren. Schließlich gibt es eine erwachsene, vernünftige Seite und irgendwo ein spontanes, kreatives Kind.

Aber wir können uns mit den Widersprüchen in uns selbst noch auf eine andere Art auseinander setzen.

Mit den Widersprüchen leben

Gerade in einer Krise zerren gegensätzliche Seiten an uns. Jeder kennt die Zerrissenheit zwischen zwei gleich starken Seiten und Wünschen. Wie können wir entspannt mit diesen Widersprüchen leben?

Nehmen wir Johannes: Obwohl die Scheidung schon Monate her ist, verkriecht er sich immer noch in seinem Schneckenhaus. Da gibt es zwar einen munteren Teil in ihm, der langsam wieder Lust hätte, unter Leute zu gehen. Aber kaum spürt er diese Regung, wird Johannes plötzlich traurig, erinnert sich daran, wie er noch mit Susanne ausgegangen ist, und innerhalb von fünf Minuten löst sich sein ganzer Schwung auf. Er seufzt – und bleibt niedergeschlagen zu Hause. Wie kommt Johannes aus diesem Dilemma heraus?

Es gibt eine Methode aus dem NLP, die hilft, mit solchen inneren Widersprüchen besser klarzukommen. Sie beruht darauf, dass wir beide Seiten ernst nehmen und sie dann miteinander einen Kompromiss aushandeln lassen. Dazu stellen wir uns die zwei Perspektiven als selbständige Personen vor, die wie in einer realen Verhandlung auch bestimmte Schritte gehen müssen. Verfolgen wir doch einmal genau, wie diese innere Verhandlung bei Johannes abläuft.

Dazu zieht sich Johannes an einen Ort zurück, an dem

er ungestört ist. Was sind die beiden Seiten in ihm, die diesen Konflikt haben? Die eine ist munter, und Johannes beschließt, sie den »Muntermacher« zu nennen. Die andere zieht sich immer zurück, und Johannes nennt sie seinen »Trauerkloß«.

Wenn beide Personen wären, wie würden die aussehen? Sobald Johannes sich den Muntermacher vorstellt, sieht er sich selbst mit zwanzig, als er am liebsten auf jede Party gegangen ist. Das war, noch bevor er Susanne kennen gelernt hatte. Und der Trauerkloß? Da kommt ihm ein verrücktes Bild. Der Trauerkloß sieht aus wie ein Bestatter, der in einem altertümlichen schwarzen Anzug mit Leichenbittermiene an einem Sarg steht.

Diese zwei sollen miteinander verhandeln und einen Kompromiss schließen? Kaum vorstellbar! Und doch verlangen das die nächsten Schritte. In seiner Phantasie stellt Johannes sich jetzt vor, wie sich Muntermacher und Trauerkloß begegnen und Kontakt miteinander aufnehmen. Sie sollen sich zunächst einmal ehrlich mitteilen, was sie voneinander halten. Johannes schlüpft innerlich abwechselnd in den einen und dann in den anderen.

Da wird es plötzlich erstaunlich lebhaft! Der Muntermacher packt gleich aus, was er vom Trauerkloß hält: »Du bist ja grauenhaft! Wie ein Gespenst. Lass dich doch gleich mit begraben!«

Der hält seinerseits auch nicht zurück: »Und du? Zurückgebliebener Teenie! Willst doch nur von Party zu Party tanzen. Hast doch vom Leben keine Ahnung! So etwas Oberflächliches!« (Kein Wunder, dass sich Johannes im Alltag so zerrissen fühlt, wenn er hier erlebt, wie groß die Spannungen sind!)

Keine der beiden Personen ist grundsätzlich böse oder

destruktiv. Muntermacher wie Trauerkloß haben bestimmte Ziele und positive Werte, die Johannes aber nicht klar sind.

Beide fangen jetzt an, sich diese Werte mitzuteilen. Für Muntermacher ist es wichtig, sich lebendig zu fühlen, Spaß zu haben und mit Frauen zu flirten. Und Trauerkloß? Der will ehrlich und offen sein und das Leben mit Höhen und Tiefen nehmen. Und dazu gehört, dass die Trennung von Susanne so schmerzhaft ist. Dieses Gefühl will er nicht verdrängen.

In inneren Konflikten erreichen beide Seiten aber nie ihre Ziele. Ganz einfach aus dem Grund, weil der andere Teil immer wieder stört und destruktiv dazwischenfunkt. Denn jeder von beiden ist stark genug, den anderen zu sabotieren. Trauerkloß macht es unmöglich, dass Muntermacher unter Leute geht, und Muntermacher stört Trauerkloß dabei, wirklich zu trauern, indem er lieber den Fernseher anschaltet.

Was außerdem wichtig ist: Jede dieser beiden Personen besitzt wichtige Qualitäten und Fähigkeiten, die der anderen fehlen, aber durchaus auch nützlich sein könnten. Muntermacher ist witzig und unterhaltsam, Trauerkloß ist sensibel und verständnisvoll.

Wenn Muntermacher ab und zu sensibler wäre, könnte er nicht nur oberflächliche Kontakte knüpfen, sondern wäre ein viel interessanterer Gesprächspartner. Würde Trauerkloß lebendiger und kontaktfreudiger werden, dann müsste er sich mit seiner Trauer nicht immer ins Schneckenhaus zurückziehen, sondern könnte beispielsweise Kontakt mit Männern und Vätern in ähnlicher Situation knüpfen. Das erleichterte ihm die Situation und das Annehmen der Trennung sehr.

Wenn Johannes so viel klar geworden ist, kommt die Zeit für Verhandlungen. Wie könnte ein konkretes Abkommen aussehen, das beiden hilft, die eigenen Ziele besser zu erreichen? Voraussetzung dabei muss sein, dass das Abkommen fair ist, keiner untergebuttert wird und jeder von ihnen bereit ist, sich an seinen Teil zu halten.

Beide wollen Zeit für sich haben, in der sie vom anderen nicht gestört werden. Die Vereinbarung sieht so aus, dass Muntermacher Trauerkloß vier Tage die Woche über Zeit und Ruhe zu Hause gibt. Dafür kann Muntermacher einmal die Woche unter Leute, auch am Wochenende. Wenn noch mehr Zeit ins Land gegangen ist, wollen sie neu verhandeln, weil Trauerkloß meint, dass er dann nicht mehr so viel Zeit für sich braucht. Beide Teile sind zufrieden, und Johannes hat das Gefühl, ein wichtiges Stück klarer geworden zu sein.

Erscheint Ihnen die Beschreibung dieser Verhandlung zu phantasievoll? Je mehr jemand ein Gefühl für beide Teilpersönlichkeiten und ein Bild von ihnen entwickelt, desto deutlicher werden die unterschiedlichen Standpunkte, aber auch die Möglichkeiten zur Verständigung.

Sie können diese Übung in Ihrer Vorstellung oder tatsächlich im Raum mit zwei Stühlen machen. Wenn Sie es nur in Ihrer Phantasie machen, ist es wichtig, dass Sie die Bilder für die Teile akzeptieren, die vor dem inneren Auge erscheinen. Es mögen Phantasiegestalten sein, tatsächliche Personen oder auch Symbole. So hat einmal ein Seminarteilnehmer ein Quadrat und einen Kreis als Verkörperung der beiden Seiten gesehen und ist auch mit diesen geometrischen Figuren zu Verhandlungen gekommen.

Nehmen Sie sich für diese Übung mindestens eine halbe

Stunde Zeit, in der Sie nicht gestört werden. Entspannen Sie sich etwas zu Beginn. Nutzen Sie die Übung für einen inneren Zwiespalt, der Sie manchmal oder häufig bewegt. Es kann Ihr größter innerer Konflikt sein – oder auch ein kleines Problem, mit dem Sie sich ab und zu herumschlagen.

Innere Verhandlung

Schritt 1: Was sind die verschiedenen Seiten des Konflikts?
Wenn die eine Seite verkörpert wäre durch einen Teil von Ihnen selbst, durch eine andere Person oder auch durch ein Symbol, wie sieht dieser Teil A aus? Machen Sie sich ein genaues Bild von A: Welche Kleidung trägt er? Wie ist die Haltung? Wie der Gesichtsausdruck? Mit welcher Stimme spricht A?
Dann gehen Sie zum anderen Teil des Konflikts. Wenn diese Seite ebenfalls eine Person oder Symbol wäre – wie würde Teil B genau aussehen?

Schritt 2: In Ihrer Vorstellung begegnen sich A und B. Lassen Sie die beiden aussprechen, wie sie übereinander denken. Was hält A von B? Lassen Sie A offen und klar seine Meinung und Gefühle dem B mitteilen. Und was hält B von A? Lassen Sie B genauso ehrlich und schonungslos antworten.

Schritt 3: Sowohl A wie auch B haben bestimmte Ziele und Werte. In den eigenen Augen jeder Person sind diese Werte wichtig und erfüllen einen positiven Zweck. Was möchte A? Was möchte B?

Schritt 4: Weder A noch B erreichen ihre Ziele. Ganz einfach aus dem Grund, weil der andere Teil immer wieder stört und destruktiv dazwischenfunkt. Denn jeder von beiden ist stark genug, den anderen zu sabotieren.
Wie hindert B den A daran, seine Ziele zu erreichen? Und wie revanchiert sich A und hindert seinerseits B daran, seine Ziele zu erreichen?

Schritt 5: Jede dieser beiden Personen besitzt wichtige Qualitäten und Fähigkeiten, die der anderen fehlen und je nach Situation nützlich sind.
Welche besonderen Qualitäten und Fähigkeiten hat A? Welche besonderen Qualitäten und Fähigkeiten besitzt B?

Schritt 6: Jeder der beiden möchte die eigenen Ziele erreichen. Aber vielleicht könnten die Qualitäten des anderen Teils auch für die Erreichung der eigenen Ziele nützlich sein.
Wie könnten die Fähigkeiten von B dem A bei seinen Zielen nützen? Wie könnten die Fähigkeiten von A dem B bei seinen Zielen förderlich sein?

Schritt 7: Jetzt ist es Zeit für Verhandlungen. Wie könnte ein faires Abkommen aussehen, das beiden hilft, die eigenen Ziele besser zu erreichen?
Lassen Sie A und B sich wieder begegnen und ein Abkommen aushandeln, wie sie sich besser unterstützen können, anstatt sich lediglich zu blockieren! Wie lautet das Abkommen?

Diese Übung bietet ein Modell und Anregungen für den besseren Umgang mit uns selbst. Wir alle stecken voller Spannungen, die in der Krise heftiger werden und uns blockieren. Je besser wir uns kennen lernen, je mehr wir allen unseren Seiten Raum geben, desto entspannter und ausgeglichener kommen wir durch schwierige Zeiten.

Zum Vertiefen

Manche wertvolle zusätzliche Idee finden Sie in dem Buch *So zähmen Sie Ihren inneren Schweinehund!* von Marco von Münchhausen (siehe Literaturverzeichnis).

Kapitel VI
Die Katastrophe als Kraftquelle

Krisen stellen sich uns in den Weg und fordern uns heraus. Es gibt keine Möglichkeit, sich daran billig vorbeizumogeln.

Ich stelle Ihnen hier eine simple Methode vor, die ich für eine der wertvollsten bei der Krisenbewältigung halte. Wenn ich nur die Wahl hätte, eine einzige vorzustellen, würde ich diese nehmen! Deswegen bekommt sie ein eigenes Kapitel und genügend Raum.

Max Frisch meint, dass die Krise ein produktiver Zustand ist. Man muss ihr nur den Beigeschmack der Katastrophe nehmen. Kann man das überhaupt? Und wenn ja – wie?

Die Rosskur

Wer die Katastrophe als Kraftquelle nutzen will, muss sich den Ängsten stellen, die in der Krise wach werden. Im Grunde ist eine »Rosskur« erforderlich.

Es gibt vergleichbare Methoden in der Verhaltenstherapie: Da hat jemand Angst, im Fahrstuhl zu fahren und kommt schon bei dem Gedanken daran ins Zittern, sein Herz fängt an zu rasen. Wie kann er seine Ängste verlieren? Ganz einfach – wenn auch aufreibend! Zusammen mit seinem Therapeuten überwindet er sich, in einen Fahrstuhl zu steigen – trotz Zitterns und Herzrasens. Und dann fahren beide so lange auf und ab, bis das Zittern nachlässt und das Herz ruhiger wird. Vielleicht hat sich nach einer halben Stunde noch wenig verändert. Aber die Ängste können keine 24 Stunden so stark bleiben. Der Körper hält diese Aktivierung auf Dauer nicht durch. Das Herz muss irgendwann ruhiger werden, und das Zittern kann in der gleichen Intensität nicht Stunden anhalten. Damit werden die Ängste weniger, und das Fahrstuhlfahren jagt keinen Schrecken mehr ein. Geheilt! Angenehm ist die Technik sicher nicht. Aber ausgesprochen wirksam.

Was jemanden in der Krise oft blockiert, das sind die Ängste, die er vor der Zukunft hat. Katastrophen tauchen in der Phantasie auf, und solche Bilder lähmen. Nach dieser Methode steigen wir in den Fahrstuhl ein – wir durchdenken die schlimmsten Möglichkeiten, die Katastrophen, und gehen in unserer Vorstellung durch sie hindurch. Die Frage ist: Was wird das Schlimmste sein, was realistischerweise passieren könnte?

Die Frage zu beantworten ist nicht leicht. Denn es geht einem wie dem armen Opfer oben, das zitternd vor dem Fahrstuhl steht. Es gibt einen natürlichen inneren Widerstand, sich mit dem schlimmsten Fall auseinander zu setzen. »Das überlebe ich nicht!«, lautet ein Gedanke, der dabei auftaucht.

Deswegen erfordert es schon gehörigen Einsatz, sich hinzusetzen und diesen Fall zu durchdenken. Eine große Hilfe ist dabei, Stift und Papier zu nehmen und sich alles aufzuschreiben. Dadurch halten wir uns an den Fragen und Antworten fest und gewinnen durch das Aufschreiben gleichzeitig mehr Abstand. Noch besser ist es, wenn wir jemanden haben, der den hartnäckigen Frager spielt, sodass wir immer wieder gezwungen sind, weiterzugehen und neue Antworten zu finden.

Nicoles Katastrophe

Die Katastrophenfrage scheint wie genau zugeschnitten zu sein auf die Krise von Nicole. Was ist das Schlimmste, was realistischerweise passieren könnte? Denn Nicole hat (noch) keinen Verlust erlitten, mit dem sie zurechtkommen müsste. Wir erinnern uns: Es ist »nur« so, dass die Geschäfte in ihrer Agentur schlechter laufen, und kürzlich wurden zwei Kolleginnen gekündigt. Seitdem lassen ihre Leistungen nach, sie ist nervös, unkonzentriert und kann nachts nicht mehr richtig schlafen.

Was wäre für Nicole die Katastrophe? Ohne zu zögern, weiß sie: die Kündigung. Schon bei dem Gedanken daran fängt sie an zu schwitzen.

Sie bittet ihre beste Freundin Marion, mit ihr gemeinsam diesen Fall, dass sie entlassen wird, zu durchdenken und zu sehen, wie es weitergeht. Beide treffen sich am Abend bei Nicole und sitzen sich in zwei Sesseln gegenüber.

Marion geht gleich aufs Ganze: »Gut, Nicole, spielen wir doch gleich die schlimmste Möglichkeit durch. Stell dir einmal vor, du wirst in zwei Monaten zu deinem Chef gerufen und der sagt dir, weil die wirtschaftliche Situation inzwischen noch schlechter geworden ist, muss er dich leider entlassen.«

Nicole wird ganz blass. Dann stottert sie: »Davor habe

ich doch die ganze Zeit Angst. Nein, das wird schon nicht passieren! Mach mir keine Angst!«

Marion bleibt hartnäckig. »Vielleicht passiert es nicht. Aber unmöglich ist es nicht. Deswegen bleiben wir dabei – dein Chef teilt dir mit, dass er dich entlassen muss und dich zum nächstmöglichen Termin kündigt. Was ist dann mit dir?«

»Also, dann bin ich völlig fertig«, stammelt Nicole.

»Gut, du weißt also jetzt, dass du entlassen wirst, und bist völlig fertig«, fährt Marion schonungslos fort. »Wie geht es weiter?«

»Ich glaube, ich werde mich die nächste Woche erst einmal krankschreiben lassen«, flüstert Nicole, bei der die Vorstellung der Kündigung immer realistischer wird.

»Okay, du hast dich eine Woche lang krankschreiben lassen. Wie geht es weiter, wenn du diese Woche hinter dir hast?«, fragt Marion weiter.

»Dann sitze ich die restliche Zeit bis zu meinem letzten Arbeitstag einfach ab. Nein, das heißt, ich habe auch noch Urlaub, den nehme ich vorher. Aber ich glaube, ich kann nicht wegfahren. Ich sitze erst einmal nur zu Hause herum, weil ich so fassungslos bin.«

Marion bleibt hartnäckig. »Du bist also deine Stelle los und hast dich von allen verabschiedet. Wie geht es dann weiter?«

»Ich werde mich natürlich sofort wieder bewerben. Wir haben noch drei Agenturen in der Stadt, bei denen ich anfragen könnte. Aber«, und hier stockt Nicole, »die haben im Moment ja auch kaum Aufträge. Nein, zurzeit habe ich da keine Chance.«

»Gut«, sagt Marion, »dann gehen wir doch ganz realistisch weiter davon aus, dass du bei diesen Agenturen keine

Anstellung bekommst. Was dann?« Nicole schluckt und weiß keine Antwort.

Unterbrechen wir hier doch kurz das Gespräch der beiden. Jetzt sind wir am entscheidenden Punkt angelangt. Die Katastrophe ist da, es gibt keinen schnellen Ausweg. Das ist die Stelle, an der Nicole bisher wie gelähmt aufgehört hat, weiterzudenken. Sie ist mit ihren Gedanken genau bis zu diesem Punkt gegangen. Dort spürt sie das schreckliche Gefühl der Katastrophe und will aufhören, sich weiter damit zu befassen. Sie versucht sich schnell in den Gedanken zu retten, dass es nicht passieren darf und wird. Aber das Gefühl des Schreckens sitzt ihr noch im Bauch; und die Überzeugung fehlt, dass es wirklich gut weitergehen wird. Diese unsichtbare Bedrohung macht sie nervös und fahrig. An dem Punkt ist es entscheidend, fortzufahren und weiter in die Zukunft zu gehen!

Deswegen bleibt Marion am Ball. »Nicole, natürlich hast du die letzten fünf Jahre in der Agentur gearbeitet und auch viel Erfolg gehabt. Dass du entlassen worden bist, ist ein Schock für dich. Aber es geht ja weiter. Du hast sicherlich noch eine Menge mehr Möglichkeiten, mit deinem Leben etwas anzufangen oder eine Arbeit zu finden. Wie könnte es weitergehen?«

Nicole braucht einige Zeit, dann richtet sie sich auf und meint: »Ja gut, wenn das so ist, müsste ich mich nach einer ganz anderen Arbeit umschauen, da, wo man mich einstellen würde.«

»Zum Beispiel?«, fragt Marion.

»Ja, als Erstes vielleicht bei den bisherigen Kunden anfragen, die ich betreut habe. Die kennen mich ja und wissen, dass ich gut arbeite. Vielleicht käme ich als Sachbearbeiterin unter.«

»Sonst noch eine Idee?«, fragt Marion weiter.

»Ja«, sagt Nicole, die allmählich wieder Farbe ins Gesicht bekommt, »ich komme ja gut mit Leuten klar. Ich müsste in den Verkauf gehen, vielleicht in den Außendienst. Da werden immer gute Leute gesucht. Mein Traumjob ist es zwar nicht«, fügt sie hinzu, »aber wenn nichts anderes geht – das könnte ich schon.« Jetzt entspannt sich Nicole. So weit hatte sie bisher noch nie gedacht.

Allmählich fängt sie Feuer und sucht noch nach weiteren neuen Alternativen. Vielleicht gibt es ja noch mehr! »Es ist, als ob ein Knoten geplatzt ist«, meint sie zu Marion. »Danke für das hartnäckige Nachfragen.«

Bei der ganzen Übung ist am wichtigsten, erst dann aufzuhören, wenn es uns gedanklich in der Zukunft wieder gut geht – ganz gleich, welche Zeit bis dahin erforderlich ist. Solange unser Zustand noch schlecht ist, müssen wir weiter die Frage beantworten: »Und dann? Wie geht es weiter?«

Die Methode wirkt manchmal fast brutal. Doch sie bringt uns auf den Boden. Dort ist es vielleicht nicht besonders kuschelig. Aber die unklaren Ängste und Befürchtungen sind weitaus schlimmer. Sie sind wie Vampire, die (un)heimlich die Kraft aussaugen. Stattdessen gilt ein Wort von Bert Hellinger: »Wenn man dem Schlimmen ins Auge schaut… dann weicht es zurück… wenigstens ein bisschen.«

Vielleicht haben auch Sie eine derartige Katastrophe im Hinterkopf, die Sie noch nie bis zum guten Ende durchdacht haben. Als Unterstützung ist es sinnvoll, sich ein

Blatt Papier zu nehmen und sich Notizen zu machen (siehe Kasten).

Durch die Katastrophe gehen

Was wäre im Augenblick, realistisch betrachtet, eine mögliche Katastrophe?
(Wenn Ihnen keine Katastrophe einfällt, freuen Sie sich. Überspringen Sie die Übung! Oder beantworten Sie die Fragen – übungshalber – mit einer weniger realistischen Katastrophe.)
Wie sähe der Katastrophenfall konkret aus?
Wie ginge es weiter?
Hören Sie erst dann auf, die Frage, wie es weitergeht, zu beantworten, wenn Sie in einer entspannten Situation angekommen sind.

Wegen ihrer Wichtigkeit möchte ich diese Methode und ihre Ergebnisse noch für die Situation von Johannes und Michael zeigen. Die Fragen fordern jedes Mal neu, und immer wieder andere Antworten ergeben sich. Wenn Sie noch einige Anregungen für sich selbst möchten, schieben Sie die Fragen an Sie selbst ruhig bis zum Ende des Kapitels auf.

Katastrophe Trennung

Johannes ist geschieden. Seine Frau hat ihn verlassen. Im Grunde ist die Katastrophe schon geschehen. Aber dennoch sind die Fragen, wie es weitergeht, bedeutungsvoll, solange er in der Krise steckt.

Ich hatte einmal in einem Coaching einen Mann, dessen mögliche Katastrophe der von Johannes nahe kommt. Seine Frau hatte sich in einen anderen verliebt, und er war völlig außer sich und verzweifelt. Die ersten beiden Stunden arbeiteten wir hauptsächlich daran, ihn wieder an seine Ressourcen zu erinnern.

In die dritte Stunde kam er und meinte: »Langsam wird es zu Hause etwas besser. Ich kann auch mit meiner Frau reden. Doch manchmal bekomme ich richtige Anfälle und Schweißausbrüche und denke mir: ›Aber was ist, wenn sie sich doch für den anderen entscheidet?!‹«

Dies war die Situation, als ich beschloss, mit ihm die Katastrophe zu durchdenken. Was jetzt folgt, war unser Gespräch, allerdings von vielen Pausen unterbrochen:

»Dann gehen wir doch einmal vom schlimmsten Fall aus«, fing ich an. »Angenommen, Sie kommen in ein paar Tagen nach Hause. Der Kleiderschrank Ihrer Frau ist leer, weil sie ausgezogen ist. Es liegt nur noch ein Zettel da: ›Ich habe mich für den anderen entschieden.‹ Wie geht es Ihnen?«

Er wurde blass: »Schrecklich! Ich drehe völlig durch, kann keinen klaren Gedanken mehr fassen.«

»Wie lange dauert der Zustand?«, fragte ich weiter.

»Also sicherlich 24 Stunden. Mindestens«, lautete seine Antwort.

Meine nächste Frage: »Sie sind also 24 Stunden oder etwas mehr völlig aufgelöst. Wie geht es nun weiter?«

»Ich werde mich dann völlig auf die Arbeit stürzen, nichts anderes mehr machen wollen, nur mich ablenken«, stotterte er. Dann fiel ihm etwas ein: »Aber das ist nicht gut! Wir hatten schon einmal so eine Situation, in der sie sich verliebt hatte. Das war dann gar nicht gut, dass ich nur noch arbeitete.«

»Diesmal ist es anders«, unterbrach ich seine Erinnerungen. »Denn diesmal ist sie ausgezogen und wirklich für immer gegangen. Sie können also so viel arbeiten, wie Sie wollen. Wie lange werden Sie so nur für Ihre Arbeit leben?«

Er überlegte: »Ein halbes Jahr auf jeden Fall. Oder auch ein Jahr?«

»Dann gehen wir doch einmal großzügig von einem Jahr aus«, meinte ich. »Wie geht es dann weiter?«

»Also dann tauche ich langsam wieder etwas auf«, war die Antwort. Plötzlich kam ihm ein Gedanke. »Vielleicht könnte ich einmal auf der Volkshochschule einen Fotografiekurs belegen. Das wollte ich schon immer.« Und bei diesen Worten kam zum ersten Mal eine leichte Entspannung.

»Wie ich sehe, geht es Ihnen langsam etwas besser«, sagte ich. »Dann machen wir doch einen kleinen Sprung und kommen zum Thema Frauen. Glauben Sie, dass Sie grundsätzlich Chancen bei Frauen haben?«

»Eigentlich schon«, kam ohne großes Zögern die Antwort. »Ich habe zwar wenig Erfahrungen, weil meine Frau meine erste Liebe ist und wir seit sechzehn Jahren zusammen sind. Aber grundsätzlich glaube ich, schon.«

»Dann gehen wir doch ein Stück weiter in die Zukunft. Wann, glauben Sie, könnten Sie wieder einer Frau begegnen, für die Sie ernsthaft Interesse empfinden?«

»Zwei, drei Jahre auf jeden Fall«, kam es zurück. Doch dann wieder ein Einbruch: »Aber wenn ich so einer Frau begegne, dann fällt mir sofort wieder dieser Schock der Trennung ein. Und dann will ich mich auf nichts einlassen.«

»Nun gut«, meinte ich. »Sie haben diese schlimme Trennung überlebt und sind sicherlich dadurch stärker und erfahrener geworden. Etwas Schlimmeres kann Ihnen in einer nächsten Beziehung auch kaum passieren. Vielleicht gibt Ihnen dieser Gedanke das Vertrauen und die Kraft, es noch einmal zu riskieren.«

Nach dieser Sitzung kam mein Klient noch ein einziges Mal zu einer letzten Stunde. Er erzählte, dass er und seine Frau sich langsam wieder annäherten. Aber er wollte mir auch noch das Ergebnis des letzten Gesprächs erzählen: »Vor dieser Stunde hatte ich immer wieder die Angst, dass sie mich verlässt. Ich hatte auf der Autobahn schon ein paar Mal den Impuls gehabt, das Steuer herumzureißen und einfach auf den Pfeiler zuzufahren. So sehr setzte mir dieser Gedanke zu. Nachdem wir die Katastrophe durchgesprochen hatten, ist diese Angst weggegangen und kam auch nicht wieder.«

Krankheit und Tod

Wird jede Katastrophe, wenn wir sie wirklich bis zum Ende durchdenken, zu einer Quelle der Kraft und Entspannung? Gibt es keine Ausnahme?

Stellen wir uns den schlimmsten denkbaren Fall einer Krise vor, nämlich einer, bei der es um Leben und Tod geht, und arbeiten wir auch diese Katastrophe bis zum Ende durch.

Frau Reinhard hat schon mehrere Krebsoperationen hinter sich und ist nun – Gott sei Dank! – seit drei Jahren beschwerdefrei. Wieder einmal hat sie einen Untersuchungstermin beim Arzt.

Diesmal macht er ein besorgtes Gesicht: »Frau Reinhard, ich muss noch einige Nachuntersuchungen machen, bevor ich Ihnen definitiv etwas sagen kann. Das wird ein paar Tage dauern, bis ich die Ergebnisse vom Labor habe.«

Frau Reinhard fällt in ein tiefes Loch. Schon als sie zur Praxis hinausgeht, fangen ihre Zähne an zu klappern. Ihre Gedanken kreisen nur um den einen Satz: »Wenn es doch hoffentlich nicht wieder Krebs ist!« In den nächsten zwei Tagen kann sie sich auf keine Arbeit konzentrieren, und am Ende des dritten Tages beschließt sie, die ständige Angst und Unruhe nicht mehr ertragen zu wollen. Sie will sich der Katastrophe stellen und den schlimmsten Fall bis zum Ende durchdenken. Der schlimmste Fall, das ist ihr klar: »Wenn ich einen bösartigen Krebs habe.«

Und was ist dann?

»Wenn ich mit meiner größten Angst gehe, dann wird der Krebs diesmal nicht ausheilen, sondern bleiben.« Beim Gedanken daran treten ihr Schweißperlen auf die Stirn.

Und wie geht es weiter? »Ich werde mich natürlich behandeln lassen, wieder Chemotherapie, und die ist grässlich. Da fallen mir die Haare aus, und mir wird immer schlecht.«

Den schlimmsten Fall angenommen, der Krebs ist diesmal unheilbar – wie geht es weiter?

»Nun, ich habe dann vielleicht, wenn es gut geht, noch zwei oder höchstens drei Jahre.«

Und wie sind die? Und wie geht es weiter?

»Ich werde sicherlich immer wieder Schmerzen haben und allmählich schwächer werden. Gleichzeitig werde ich schauen, dass ich trotz der Krankheit, solange es geht, etwas von meinem Leben und vor allem meiner Familie habe. Ich muss ja dann wirklich nichts mehr aufschieben.«

Wie geht es jetzt weiter?

»Dann werde ich noch schwächer und sterbe irgendwann.«

Wie geht es bei diesem Gedanken?

»Er ist nicht so schrecklich, wie ich gedacht habe. Früher oder später ist es ja ohnehin so weit. Und vielleicht erlebe ich das gar nicht, weil ich morgen von einem Auto überfahren werde. Irgendwie werde ich jetzt ruhiger und kann besser auf mich zukommen lassen, was auch immer passiert.«

Kommt Ihnen das unwahrscheinlich vor? Dann wird Sie vielleicht das Ergebnis einer amerikanischen Untersuchung überraschen, bei der 449 HIV-Infizierte und Aidserkrankte nach ihrem Lebensgefühl gefragt wurden. Es stellte sich heraus, dass sich etwa jeder Dritte glücklicher fühlte als vor der Diagnose. Diese Personen waren zuversichtlicher, machten sich weniger finanzielle Sorgen und waren wegen ihrer Krankheit nicht so bekümmert wie andere Patienten. Viele gaben an, sich stärker mit spirituellen Fragen zu beschäftigen. Sie entdeckten einen neuen Sinn in ihrem Dasein und führten nach eigenen Aussagen ein befriedigenderes und erfüllteres Leben als zuvor. Ihre Diagnose, an Aids erkrankt zu sein, hatte in ihnen ungeahnte Kräfte geweckt.[28]

Kaum zu übersehen ist, dass es nicht jedem besser geht, sondern nur einem Drittel, und vielen geht es schlechter als vorher. Aber die Diagnose hat nicht die automatische

[28] Sonnenmoser.

Folge, dass es generell schlechter gehen muss. Es gibt Menschen, die nehmen dieses Schicksal an und finden darin ein neues Ja zum Leben.

Nie mehr eine Arbeit finden?

Schauen wir uns noch die schwierige Situation von Michael an. Auch wenn man ab und zu über seinen Job jammert, so ist Arbeit doch für die meisten Menschen nicht etwa widerwillig erledigter Gelderwerb, sondern eine ihrer wichtigsten Ressourcen.

Arbeit stärkt das Selbstwertgefühl. Man hat eine Aufgabe und leistet etwas. Gleichzeitig ist man eingebunden in ein soziales Netzwerk, in dem man wichtig ist für andere und meist mit vielen Menschen Kontakt hat. Jeder Tag bringt neue Aufgaben und strukturiert durch die Arbeitszeit das eigene Leben. Die Freizeit kann genossen werden, weil sie verdient ist. Ein gesunder Rhythmus!

In einem *Stern*-Artikel beschreibt Frauke Hunfeld drastisch und präzise die deprimierende und typische Situation des Arbeitslosen Dirk Jung. Sie beginnt so:

> »Er geht einfach los. Es ist ihm egal. Ob die Sonne scheint oder ob es regnet. Ob es warm ist oder kalt. Er könnte die zehn Kilometer auch mit dem Bus fahren. Es ist nicht so, dass ihm das Geld fehlt. Aber dann wäre er zu schnell da. Also geht er zu Fuß.«[29]

[29] Hunfeld.

Sie schildert die Geschichte des 45-jährigen Industriekaufmanns, der jetzt seit fünfzehn Monaten arbeitslos ist und schon mit 39 einmal in einer Zeitarbeitsfirma als »eigentlich schon zu alt« befunden wurde.

Und dieses Mal hat er die magische Grenze von einem Jahr ohne Anstellung überschritten. Er ist jetzt Langzeitarbeitsloser. Und damit verringert sich die Wahrscheinlichkeit, einen Job zu finden, dramatisch von Tag zu Tag. »Das ist wie mit der Fruchtbarkeit ab 35.« Hunfeld beschreibt den Traum vom Verlorensein in der Welt, vom Herumirren ohne Identität, ohne Halt – umgeben von lauter geschäftigen Menschen. Immer wieder geht Jung zum Arbeitsamt. Sein Sachbearbeiter hat 1080 Fälle wie ihn – und keine freie Stelle:

> »Er hat sich bei Creditreform beworben und in der Uni-Verwaltung, bei Autohäusern und der ›Aktion Mensch‹, beim Bundesamt für Verbraucherschutz, bei toll collect und bei einer Elektronikkette. Die Zeitarbeitsfirmen hat er sowieso alle durch. Immer bekam er die Unterlagen zurück. Meistens stand drin, dass man sich aus Gründen, die nichts mit seiner Person und seinen Fähigkeiten zu tun haben, für jemand anderen entschieden habe.«

Jung hat sich auf alles beworben, was nur irgendwie denkbar war, passend oder nicht. Stets kam eine Absage.

»Sein Arbeitstag beginnt um acht. Er liest die Zeitung, Wirtschaftsteil, Stellenmarkt. Er durchforstet das Internet, Stellenbörsen, Jobpilot, job.de, Stelleninformationssystem und wie die Online-Angebote alle heißen.« Den restlichen Morgen macht Jung die Hausarbeit, dann ist immer noch der halbe Tag übrig. Vier Bewerbungen hat er zurzeit laufen.

»Er wäscht sich jeden zweiten Tag das Haar. Er geht früh schlafen. Einen anderen Rhythmus will er sich gar nicht erst angewöhnen, auch wenn für Langschläfer die Tage kürzer sind. Aber er muss ja bald wieder früh um sechs Uhr raus, sagt er. Bald.« So endet der Bericht.

Dieser realistische Blick auf die Situation der Arbeitslosigkeit, wenn man nicht mehr so jung ist wie Nicole, führt zu Michael, der 48 Jahre alt ist, und dem Durchdenken seiner Katastrophe.

Fragen wir einmal Michael: »Du bist jetzt seit mehreren Monaten arbeitslos, suchst nach einer Arbeit und hast noch keine gefunden. Wie lange noch?«

»Aber ich muss wieder eine Arbeit finden. Sonst kann ich mir gleich die Kugel geben.« Michael kommt ins Schwitzen. Dann holt er tief Luft und reißt sich zusammen. »Und ich werde auch wieder eine Arbeit finden. Das geht doch gar nicht anders.« Und damit wird er etwas ruhiger.

»Das kann gut sein, Michael, und ich wünsche dir das auch. Aber jetzt geht es um die Katastrophe, so wahrscheinlich oder unwahrscheinlich sie sein mag. Gesetzt den Fall, du findest keine Arbeit – so ganz unwahrscheinlich ist das ja auch nicht –, wie lange willst du engagiert suchen?«

Michael wird ernst und überlegt. »Ich denke, ich halte das Suchen so noch zwei Jahre durch, höchstens drei.«

»Und was passiert dann?«

Michael braucht lange für eine Antwort. »Dann gebe ich das Suchen wohl auf. Ich werde wohl erschöpft sein von den vielen Absagen. Ich bin dann auch schon 51. Und nach so langer Arbeitslosigkeit nehmen die wirklich lieber einen Jungen. Kann ich sogar verstehen.«

»Und wie geht es weiter?«

Michael weiß es nicht. »Ich könnte das Trinken anfangen«, versucht er einen müden Scherz.

Wie geht es weiter, wenn Michael aufgegeben hat, eine Arbeitsstelle zu finden? Wenn er akzeptiert hat, nie mehr, wie gewohnt, in einem Unternehmen zu arbeiten? Die restliche Zeit seines Lebens! Was will Michael machen?

Wenn er sich das zu fragen anfängt, ist er zunächst ganz auf sich allein gestellt. Bisher war sein Leben in geordneten Bahnen, so, wie es gut und richtig ist, und so, wie es fast alle machen. Das gibt Sicherheit, Geborgenheit und Unterstützung für Schwierigkeiten. Mit einem Mal ist er hinauskatapultiert aus dieser Sicherheit in die Isolation. Arbeitslosigkeit trennt. – Wie Frauke Hunfeld es beschreibt:

> »Oben im Wald trifft Jung meistens diesen Mann. Der ist so alt wie er, vielleicht ein bisschen jünger. Mitten am Tag sitzt der da rum. Manchmal hat er sogar eine Thermoskanne dabei. Wie einer, der ziemlich viel Zeit totschlagen muss. Inzwischen nicken sie sich manchmal zu. Irgendwann wird Jung ihn ansprechen.«

Wird Michael es schaffen, aus seiner Isolation herauszukommen? Kontakt mit anderen in der gleichen Situation finden? Oder sind ihm die Scham und Schande und der Frust zu groß? Was soll in zehn Jahren sein? Kann und will er neue Aufgaben finden? Wird er einen neuen Weg zurück zur Zufriedenheit finden?

Mag er sich überhaupt der Frage stellen, wie es nach der Katastrophe weitergehen wird? Denn es ist eine unangenehme, schmerzhafte Frage. Wenn er ihr ausweicht, dann hat er die Chance, einfach Tag für Tag unglücklich weiterzuleben, im Unglück unmerklich immer mehr zu versinken. Aber weil er jeden Morgen nur daran denkt, dass bald Abend wird und er den Tag irgendwie übersteht, schafft er es, durchzuhalten. Auf die Weise kann er vielleicht die paar Jahrzehnte, die ihm noch bleiben, die Zähne zusammenbeißen und das, was ihm geschehen ist und geschieht, ausblenden – obwohl ihm sicherlich auch so das Leben noch einige Schocks bereiten wird. Wenn die Frau ihn verlässt, wenn die Magenschmerzen anfangen oder die Migräne unerträglich wird … Aber das kann ihn dann kümmern, wenn es so weit ist.

Wie Anselm Grün sagt: »Wenn das Lebensgebäude zerbrochen ist, muss man sich durch den Schutt des Trümmerhaufens hindurcharbeiten, um zum Fundament zu gelangen, auf dem man das neue Haus bauen kann.«[30] Will er das?

Wenn er sich der Frage nach der Katastrophe stellt, wird er sich in der Folge andere Fragen beantworten müssen. Will er den Rest seines Lebens auf dem Sofa sitzen und über die Vergangenheit grübeln? Will er ärgerlicher und ärgerlicher auf alle und alles werden, bis er ganz verbittert ist? Oder will er nach neuen Möglichkeiten suchen, sein Leben so, wie es ist, anders zu gestalten? Etwas zu schaffen, was für ihn Sinn macht? Auch wenn es keine bezahlte Arbeit sein wird. Das Gute ist: Er muss niemandem darüber Rechenschaft ablegen – es ist sein eigenes Leben.

[30] Grün/Robben, S. 85.

Kapitel VII
Im Bauch der Krise

Wenn wir das Bild von unserer gemeinsamen Gebirgswanderung wieder aufgreifen, dann führt uns der Weg jetzt an einigen tiefen Schluchten vorbei. Manchmal bleiben wir stehen und schauen hinunter. Und von jenem Platz aus geht der Blick sehr ins Weite.

Dieses Kapitel beschäftigt sich noch ausführlicher mit dem Thema Gefühle. Heftige Emotionen tauchen in der Krise auf. Nicht alle entstehen durch unsere bewussten Vorstellungen und Gedanken. Manchmal sind es alte Gefühle, die durch die Krisensituation wieder wach werden.

Wenn Sie bisher nichts wirklich erreicht hat, dann ist es sinnvoll, mehr von den eigenen Tiefen zu erkunden.

In den Abgrund steigen

Wann haben Sie genug gearbeitet und gekämpft? Anstrengungen sind sinnvoll. Sie bringen jemanden wieder aus der Lähmung heraus. Wer sich allerdings nur anstrengt, macht sich selbst krank. Denn er wehrt sich gegen etwas, was auch zu ihm gehört. So hat jeder das richtige Maß zwischen Kämpfen und Aufgeben zu finden.

Was geschieht, wenn man aufgibt? Dazu erzählte der indische Mystiker Osho eine Geschichte aus seiner Kindheit. Neben dem Dorf, in dem er geboren wurde, war ein großer Fluss. Zur Regenzeit wuchs er an und wurde reißend. Es gab eine Stelle unterhalb des Dorfs, an der dann ein großer Strudel war. Immer wieder ertranken Tiere und auch Menschen, die in diesen Strudel gerieten. Der kleine Junge saß stets am Fluss, schaute ins Wasser, beobachtete das Geschehen und lernte daraus.

Und eines Tages während der Regenzeit im Monsun nahm er sich ein Herz – und sprang ins Wasser. Der Fluss riss ihn mit und zerrte ihn zu dem Strudel. Würde er jetzt ertrinken? War das ein Selbstmordversuch?

Wie Osho berichtet, hatte er genau beobachtet, dass manchmal ein Tier in den Strudel gezogen wurde, wie es sich wehrte und später ertrunken weitertrieb. Er hatte aber auch gesehen, dass alles andere – Blätter, Äste, Abfall – vom Strudel ergriffen und verschluckt wurde und dann nach kurzer Zeit wieder an die Oberfläche kam.

Was er deshalb machte, als der Strudel ihn in die Tiefe zog: Er wehrte sich nicht, sondern ließ es zu. Er wurde nach unten gezogen, herumgewirbelt und dann nach kurzer Zeit vom Wasser wieder an die Oberfläche getragen. Diejenigen, die ertrunken waren, hatten sich gewehrt.

Begegnen uns vielleicht noch mehr solcher Strudel in unserem Leben? Wenn es eine große Kraft gibt, die einen in die Tiefe ziehen will, ist es vielleicht gut, den Widerstand aufzugeben. Wer kämpft, in Panik gerät, wild mit den Armen rudert, um ja an der Oberfläche zu bleiben, wehrt sich gegen etwas, was stärker ist als er selbst. Irgendwann ist er dann erschöpft, kraftlos und ertrinkt.

Was es dazu braucht, um aufzugeben? Den Mut, ein Risiko einzugehen. Und natürlich eine innere Vorbereitung, die genügend Vertrauen entstehen lässt, dass das Wasser einen wieder nach oben trägt. Denn es ist nicht die blinde Tollkühnheit gefragt, bei der man die Zähne zusammenbeißt und sich verkrampft in die Lebensgefahr stürzt.

Jedes Gefühl hat solche Tiefen. Wir wollen ausweichen, weil wir in dieser Tiefe die Kontrolle verlieren, die sonst unser Leben durchzieht. Dagegen sträubt sich alles in uns. Deshalb wehren wir uns gegen den Schmerz, die Trauer, die Wut und die Angst.

Ja, selbst Glück ist nichts, dessen Tiefe anziehend wirkt. Auch das Glück kann uns überwältigen. Wir müssten uns ihm ausliefern, und dagegen sträubt sich etwas in uns – gerade in den glücklichsten Momenten. Es darf nicht zu viel werden! – Die nächste Übung zeigt Ihnen einen Weg, sich vorsichtig solchen Gefühlen zu nähern (siehe Kasten).

Sich in das Gefühl hinein entspannen

Gibt es ein Gefühl, gegen das Sie sich wehren?
Nehmen Sie die Stellen im Körper wahr, an denen Sie die Spannungen dieses Gefühls spüren.
Jetzt sagen Sie sich selbst: »Ich entspanne mich in meine... hinein und erlaube mir, es zu spüren.«
Lenken Sie dabei bewusst den Atem an diese Stelle.

Rainer Maria Rilke beschreibt diese Erfahrung in seinen *Briefen an einen jungen Dichter*:

»Da dürfen Sie... nicht erschrecken, wenn eine Traurigkeit sich von Ihnen aufhebt, so groß, wie Sie noch keine gesehen haben; wie eine Unruhe, wie Licht und Wolkenschatten über Ihre Hände geht und über all Ihr tun. Sie müssen denken, dass etwas in Ihnen geschieht, dass das Leben Sie nicht vergessen hat, dass es Sie in der Hand hält; es wird Sie nicht fallen lassen. Warum wollen Sie irgendeine Beunruhigung, irgendeine Schwermut von Ihrem Leben ausschließen, da Sie doch nicht wissen, was diese Zustände an Ihnen arbeiten? Warum wollen Sie sich mit der Frage verfolgen, woher all das kommen mag und wohin es will? Da Sie doch wissen, dass Sie in Übergängen sind und nichts so sehr wünschen, als sich zu verwandeln.«[31]

Auch die nächsten Abschnitte regen Sie dazu an, sich dieser Tiefe zu nähern.

Hypnotisieren wir uns selbst in die Krise?

Der amerikanische Autor Stephen Wolinsky ist genau dieser Meinung: Wer eine Krise hat, ist in einer Selbsthypnose, in einer Art Trance.

Beim ersten Anhören klingt das eher absurd. Läuft Michael etwa mit gläsernen Augen durch die Welt und flüstert sich ständig zu: »Ich bin in einer Krise, und da will ich nicht raus!«? Und wozu soll das denn gut sein? Will Michael unbedingt leiden? Ist Johannes vielleicht ein Masochist?

Aber es lohnt sich, Wolinskys Ideen genauer anzuhören und zu versuchen, sie zu verstehen. Wie ist er zu dieser Auf-

[31] Rilke, S. 48.

fassung gekommen? Wolinsky unterscheidet grundsätzlich nur zwei Zustände, in denen man sich aufhalten kann: ganz in der Gegenwart oder in Trance.

In der Gegenwart ist ein Mensch hellwach und mit allen seinen Sinnen auf die Welt im Moment ausgerichtet. Er sieht genau, was um ihn herum ist, hört die Geräusche in seiner Umgebung und spürt seinen Körper. Zeit zum Nachdenken hat er nicht, weil er nur im Hier und Jetzt ist.

Der Trancezustand dagegen ist durch eine teilweise oder vollständige Abwesenheit von der Welt gekennzeichnet. Gedanken lenken von der Gegenwart ab und führen in die mentale Innenwelt – das Kennzeichen einer Trance. Wir nehmen wenig von der Umgebung auf. Wir denken, wir sehen innere Bilder, hören innerlich Stimmen, lassen vielleicht innere Anteile miteinander verhandeln usw. Um ein Problem zu haben, brauchen wir diesen Zustand der Trance.

Denn ohne dieses unser gedankliches Zutun gibt es kein einziges Problem. Um eine Krise zu haben, müssen wir uns mit unseren Gedanken und Vorstellungen quälen. In manchen Situationen tauchen diese Gedanken selbständig und zwanghaft auf. Sie bilden eine »Krisentrance«. Dann fühlen wir uns unfähig, so zu handeln, wie wir wirklich wollen. Gleichzeitig erleben wir uns als abgeschnitten von allen Fähigkeiten und Stärken, die uns sonst als Erwachsenem zur Verfügung stehen. Ohne diese Trance gäbe es keine Krise.

Das klingt bisher vielleicht ganz einsichtig – aber was hilft es jemandem, der in einer Krise steckt? Jemandem, der Schwierigkeiten hat, in der Gegenwart anzukommen, weil seine Gedanken ihn so plagen? Woher überhaupt kommen diese Schwierigkeiten?

Wolinsky nennt einen wichtigen Grund, warum jemand sich in Gedanken und seine Trance verstrickt. Diese Gedanken sind alte Programme oder Muster, die wir alle in der Kindheit entwickelt haben. Auch damals sind wir schon in ähnliche Trancen gegangen.

Ein Kind lebt ganz im Hier und Jetzt mit allen seinen Sinnen – dies ist zunächst der natürliche Zustand. Dann geschieht dem Kind etwas Schlimmes. Es wird davon überwältigt, es kann dies nicht aushalten und flüchtet sich in seine Trance. Sie bildet den Schutz gegen eine unerträgliche Situation und bringt es weg aus der Gegenwart.

Wenn wir zurückschauen, dann war das damals die einzige Lösung, mit der Situation fertig zu werden. Als wir Kinder waren, haben Schmerz und Überforderung uns in die Flucht, in unseren Verstand, aus unserem Körper getrieben.

Mir scheint es, dass es ein notwendiger Teil der Entwicklung des modernen Menschen ist. Es geht jedem Kind so, und es ist keine Krankheit und Fehlentwicklung. Diese Trancezustände bilden sich in den ersten Lebensjahren bis zum Alter von vier oder fünf Jahren. Sie sind bedeutend, grundlegend und allumfassend. Natürlich können diese frühen ersten Entwicklungen überlagert werden durch spätere schlimme Erfahrungen und die ursprünglichen Trancen verstärken. Erinnern wir uns an Nicole, die zu Beginn ihrer Schulzeit Ort und Schule wechselte und eine schlimme Zeit erlebte.

Später stößt dem Erwachsenen etwas zu, was ihn an die damalige Situation erinnert. Das, was aus früheren Zeiten unverarbeitet ist, wird wieder wach. Die gleiche Überwältigung wie seinerzeit wird im Inneren erlebt, eine ähnliche Trance wiederholt sich. Deswegen verlieren wir die Fähigkeit, zu handeln.

Wie kommen wir aus der Trance heraus? Indem wir das, was wir in einem frühen Teil unseres Lebens abgespaltet haben, wieder zurückgewinnen und integrieren. Wolinsky schlägt dazu eine radikale Methode vor, um direkt zur Wurzel des Übels vorzustoßen.

Damals, in der Kindheit, gab es etwas Unerträgliches. Wenn wir uns diesem Unerträglichen heute, als Erwachsene, stellen, jetzt, da wir in der Lage sind, viel mehr auszuhalten als dieses kleine Kind damals, dann löst sich auch die Trance auf, weil der Schutz durch sie überflüssig wird. Wir müssen uns also auf eine Zeitreise machen zu der Situation, als diese Trance aufgetaucht ist.

Erstaunlicherweise funktioniert das sehr einfach, nicht nur bei Krisen, sondern bei jedem Problem. Ausgangspunkt ist die Vorstellung, dass in uns immer noch ein Kind lebt, das in der krisenhaften Situation an die Oberfläche kommt und das Handeln und Denken bestimmt. Als ich diese Methode kennen lernte, schrieb ich mir die Fragen (siehe Kasten) auf ein Stück Papier, das ich in meinem Geldbeutel mit mir trug. In ein paar schwierigen Situationen war dieses Papier ein Rettungsanker. Ich nahm die Fragen heimlich heraus, las sie durch und versuchte, sie kurz zu beantworten. Es funktionierte und veränderte den aktuellen Problemzustand.

Das innere Kind erfahren

Sie haben ein Problem oder eine Krise. Entdecken Sie, dass Sie sich dabei jünger fühlen, als Sie tatsächlich sind.

Schritt 1: Achten Sie darauf, wo genau im Körper oder Geist dieser Teil, den wir jetzt »inneres Kind« nennen, lokalisiert ist.
Wenn Sie zu diesem Kind werden – ändert sich Ihre Selbsteinschätzung? Wie?
Wenn Sie zu diesem Kind werden – ändert sich Ihr Bild von der Welt in dieser Situation? Wie?
Ist dieses Kind mit bestimmten Gefühlen verknüpft? Mit welchen?

Schritt 2: Nachdem Sie diesen Teil ein Stück klarer erfasst haben, stellen Sie dem inneren Kind zwei Fragen. Stellen Sie so lange diese Fragen, bis keine neuen Antworten mehr kommen:

- Was weigerst du dich, inneres Kind, über dich zu wissen?
- Was weigerst du dich, inneres Kind, zu erfahren?

Es lohnt sich also, ein paar Versuche zu machen, auch wenn einem die ersten Früchte nicht gleich selbstverständlich in den Schoß fallen. Manchmal muss man öfter an den Bäumen rütteln.

Mit dem Ansatz entdecken wir die Situationen, in denen dieser innere Teil das Denken, Fühlen oder Handeln übernimmt. In der Krise mag er zunächst sehr häufig auftreten. Was es leichter macht, ihm zu begegnen, ist, wenn der Teil einen Namen bekommt, zum Beispiel »Sündenbock«, »Trotzkopf« oder »Verlierer«. Damit wird er schneller identifiziert, und wir können mit ihm Kontakt aufnehmen.

Wenn die Gedanken dieses Abschnitts für Sie sehr fremd

sind, dann kann der folgende Sie dabei unterstützen, den Hintergrund noch besser zu verstehen.

Frühe Schocks und ihre Folgen

Das Bild der Krise wird noch vollständiger, wenn wir auch den Körper und die in ihm gespeicherten Erfahrungen mit einbeziehen. Damit erweitern wir das Verständnis der Problem- und Krisentrance aus dem letzten Abschnitt.

Eigentlich müsste eine Krise doch alle Kräfte in uns mobilisieren! Etwas scheint schief zu laufen, wenn man Menschen mit den Tieren vergleicht, aus denen sie hervorgegangen sind. Tiere werden durch Gefahren lebendig. Sie kämpfen oder fliehen, und alle ihre Kräfte werden dabei wach.

Was ist im Vergleich dazu los mit Nicole, Michael und Johannes? Sie werden kraftlos und eher unbeweglich und träge. Zwar läuft Michael Gefahr, nie mehr einen Arbeitsplatz zu finden. Aber seine Versorgung ist gesichert, es drohen keine Not und Armut. Nicole könnte ihren Arbeitsplatz verlieren. Auch sie wäre im schlimmsten Fall für lange Zeit oder sogar immer ohne Job und müsste schließlich von der Sozialhilfe leben. Johannes könnte in seiner Depression und im Suff versinken, dadurch unattraktiv werden, nie mehr eine Frau finden, irgendwann dann auch seinen Arbeitsplatz verlieren. Und dann geht es weiter wie bei seinen Krisengefährten.

Für alle drei besteht keine unmittelbare Gefahr für Leib und Leben. Bei einer direkten Bedrohung wären auch die Kräfte sofort wieder da. Michael hört, leidend in seinem

Wohnzimmersessel, wie seine Frau in der Küche schreit: »Hilfe, Michael, es brennt!« Jede Lethargie ist weggewischt. Michael springt aus seinem Sessel und rast zur Hilfe. Er hat also alle nötige Energie. Er findet nur den Zugang dazu nicht.

Michael hat einen Arbeitskollegen Erwin, genauso alt wie er selbst, eigentlich ein eher träger Typ, nie aus der Ruhe zu bringen und manchmal etwas zu gemütlich. Der war auch geschockt von der plötzlichen Entlassung. Aber nach zwei Wochen riss er sich zusammen, und seitdem ist er wie verwandelt und unermüdlich auf Arbeitssuche. Selbst die vielen bisherigen Absagen können ihn nicht lange aus seiner Bahn bringen. Erwin hat einen Energieschub durch seine Entlassung bekommen. – Was unterscheidet Michael von Erwin?

Um hier eine Antwort zu geben, werde ich einen neuen Begriff integrieren: »Trauma«. Bahnbrechende Einsichten, wie Trauma, Körper und Krisen zusammengehören, hat der amerikanische Wissenschaftler und Psychotherapeut Peter Levine formuliert. Seit vielen Jahren entwickelt er seinen speziellen Ansatz der körperorientierten Traumaarbeit, den er »Somatic Experiencing« (»Erfahren auf der Körperebene«) nennt. Dabei entdeckt er, dass Menschen und Tiere etwas Wesentliches gemeinsam haben.

Tiere kennen drei grundsätzliche Reaktionen auf Bedrohung, die von der Biologie gesteuert werden: Kampf, Flucht und Erstarrung. Bei der Katze, der sich ein fremder Hund nähert, fallen in einem Bruchteil der Sekunden alle Entscheidungen. Fühlt sie sich der Gefahr gewachsen, faucht sie und macht einen Buckel. Die Krallen sind ausgefahren, und sie ist bereit zum Kampf. Scheint ihr die Gefahr zu groß, setzt automatisch die Flucht ein. Wie ein Blitz rast sie davon und sucht eine sichere Zuflucht. Findet sie einen solchen sicheren Platz nicht und treibt der Hund sie in die Enge, setzt sie sich auch gegen den übermächtigen Gegner mit all ihrer Kraft zur Wehr. Bei der Flucht und im Kampf werden die letzten Energiereserven genutzt.

Diese Einschätzung ist ein instinktiver Prozess, der blitzschnell und automatisch abläuft. Die Katze, die um die Ecke biegt und vor der ein Hund auftaucht, wird in Bruchteilen einer Sekunde »entscheiden«, ob sie kampfbereit ist, einen Buckel macht und faucht oder ob sie zum nächsten erreichbaren Baum hinrast.

Neben diesen Kampf- und Fluchtreaktionen, die auch die Grundlagen der Stressmuster beim Menschen darstellen, existiert im Tierreich ein dritter Mechanismus: das Erstarren. Das Tier, das plötzlicher übermächtiger Bedrohung und unmittelbarer Lebensgefahr ausgesetzt wird, wird wie leblos. Die Maus, die von einer Katze gefangen wird, erstarrt in diesem Moment. Es ist eine Reaktion, die schmerzunempfindlich macht und gleichzeitig die Wahrscheinlichkeit des Überlebens erhöht. Denn wenn die Katze keinen Hunger hat, verliert sie schnell ihr Interesse an der unbeweglichen Maus.

Diesen Prozess der Erstarrung gibt es auch beim Menschen. Man kann ihn nach den Forschungen Levines als den Kern eines »Traumas« ansehen. Die Grundlage ist eine übergroße Bedrohung, bei der es keine Möglichkeit gibt, zu fliehen oder zu kämpfen. Dabei kommt es zu einem Schock, und der Körper erstarrt. Dieser Schock ist das Trauma.

Ereignisse, die in vielen Fällen ein solches Trauma auslösen, sind Katastrophen und Unglücksfälle vom Autounfall, Zugunglück, Erdbeben bis hin zu Krieg, Gefangenschaft und Folter. Aber gerade die empfindsamen Kinder sind immer wieder Traumata ausgesetzt. Das fängt bei einer schwierigen Geburt an, führt über frühe Krankenhausaufenthalte und längere Trennungen von den Eltern. Gerade wenn ein Elternteil früh stirbt, ist das ein Schock für ein Kind. Und dann ist da natürlich noch das Opfersein von Gewalt und Missbrauch, das sich besonders heftig auswirken kann.

Ob jemand auf ein Ereignis mit einem Schock reagiert, hat zum einen mit der Konstitution, also den biologischen Wurzeln, zu tun. Wer ein empfindlicheres »Nervenkostüm« hat, wird leichter belastet als robustere Menschen. Die Widerstandskraft des Nervensystems, bevor es zu einer Überflutung kommt, ist bei allen Menschen unterschiedlich. Es hat außerdem zu tun mit der persönlichen »Traumageschichte«. Je mehr verletzende Situationen jemand erlebt hat, desto schneller wird er von einer neuen überfordert.

Wie wirken sich diese Schocks aus? Auch hier unterscheiden sich Tiere und Menschen erheblich. Bei Tieren löst sich die Erstarrung natürlich auf. Nach kürzerer oder längerer Zeit erwachen sie wieder zum Leben. Häufig schütteln sie sich kurz hinterher, oder sie zittern leicht. Das ist die Abreaktion der »eingefrorenen« Energie.

Aber es gibt auch bei Tieren mögliche Unterschiede in der Tiefe der Erstarrung mit den entsprechenden Auswirkungen. Wenn sich ein Vogel von draußen in mein Zimmer verirrt und ich ihn fange, erstarrt er. Setze ich ihn ab, dann kehrt er nach kurzer Zeit wieder ins Leben zurück und fliegt davon. Wenn ich ihn erneut fange, dauert die Erstarrung länger, und er kommt ein Stück desorientierter aus ihr heraus. Beim nächsten Mal dauert es noch länger; der Vogel schwankt, braucht Zeit, um sich zu orientieren, und pickt erst einmal wild nach allem in seiner Umgebung. Wiederhole ich das, kann der Vogel an Herzschlag sterben.

Der Mensch allerdings hat den Prozess verlernt, aus der Erstarrung wieder in den natürlichen Lebensfluss zu kommen. Er lebt zwar weiter, aber ein Teil der Energie bleibt wie eingefroren und im Nervensystem gebunden. Die traumatische Erinnerung wird abgespalten, wirkt jedoch über Symptome weiter. Solche Symptome sind unter anderem: Ängste, Depressionen, Verwirrtheit, Stress. Inzwischen haben vielfältige Forschungen die Auswirkungen des Traumas auf das Nervensystem bewiesen.[32]

Und damit kommen wir wieder auf den Punkt: Gerade lang anhaltende, schwere Krisen zeichnen sich dadurch aus, dass etwas grundsätzlich in Unordnung geraten ist und nicht mehr von allein ins Gleichgewicht kommt. Eine Möglichkeit dafür, warum das so ist, sind die Traumata, die man bisher in seinem Leben erfahren hat. Die Energie, die in diesen Schocks eingefroren ist, steht nicht für die Bewältigung des normalen Lebens und seiner Schwierigkeiten zur Verfügung. Gleichzeitig tauchen störende Symptome als spätere Folge auf.

Wenn Michael nach möglichen Schocks in seiner Biographie Ausschau hält, dann stößt er sofort auf ein einschneidendes Erlebnis als Kleinkind. Mit zwei Jahren hatte er eine schwere Lungenentzündung und musste in ein entfernt gelegenes Krankenhaus gebracht werden. Seine Eltern sah er die ersten vier Wochen gerade zweimal. Seine Reaktion (wie die aller Kinder in einer ähnlichen Situation): Zuerst wartete er auf die Eltern, dann schrie und weinte er lange als

[32] Siehe van der Kolk.

Protest, und schließlich gab er auf, resignierte und wurde stumm, überwältigt von der Situation. Als die Eltern ihn schließlich wieder nach Hause mitnahmen, wirkte Michael verändert. Aus dem vorher freundlichen Kind war jetzt ein verschlossener und zurückgezogener Junge geworden.

Die unerwartete Arbeitslosigkeit katapultierte Michael aus seiner bisherigen Sicherheit hinaus. Er hat seinen langjährigen Platz im Unternehmen verloren, die Beziehungen mit Abeitskollegen und Kunden sind plötzlich abgebrochen. Auch ohne dass Michael sich darüber klar ist, hat die neue Erfahrung Ähnlichkeiten mit der alten. Ähnliche Gefühle wie damals werden wach. Die Kraft, die sonst sein Handeln als Erwachsener auszeichnet, verschwindet. Trauer und Schmerz, die noch nicht verarbeitet sind, ziehen Michael in sein dunkles Loch.

Wie Dr. Wolfersdorf, der Leiter eines Bezirkskrankenhauses, in der *Psychologie heute* feststellt, entstehen über 60 Prozent aller Depressionen aus unverarbeiteter Trauer. Sie können jahrelang nach Verlusterlebnissen plötzlich aufbrechen und zu Angst-, Ess- und Schlafstörungen führen.[33] Und auch für Verena Kast, die viel über Trauer und Abschied geforscht hat, steht fest, dass jemand, der schon im frühen Kindesalter schwere Verluste durch Tod und Trennung zu durchleiden hatte, als Erwachsener auf jeglichen Abschied tendenziell krankhaft reagiert.

Wenn wir einen Schritt zurücktreten, können wir entdecken, dass dieser Krankenhausaufenthalt des kleinen Michael unterschiedliche Auswirkungen hat, die in verschiedenen Abschnitten dieses Buches schon dargestellt wurden.

[33] Wolfersdorf.

Einmal hat er so Passivität erlernt, denn er hatte keine Möglichkeit, etwas an der Trennung von seinen Eltern zu verändern. Diese erlernte Hilflosigkeit wirkt sich weiter aus auf innere Überzeugungen, die einen zum Pessimisten machen können.

Darüber hinaus lernte Michael, mithilfe seiner »Problemtrance« aus dem seinerzeit unerträglichen Zustand zu fliehen. Wenn er den Kontakt mit dem Kind von damals wieder aufnimmt, begegnet er der frühen Verzweiflung und löst die alte Trance auf. Und schließlich wirkt sich, wie eben dargestellt, das gleiche Ereignis auch als körperlicher Schock aus.

Wie lassen sich solche Traumata mit dem Ansatz von Peter Levine wieder auflösen? Sinnvoll ist der Schritt, sich Unterstützung bei einem therapeutischen Begleiter zu holen, der sich mit der Verarbeitung eines Traumas auskennt.

Grundlage einer solchen Therapie ist die Erfahrung, dass auch der menschliche Organismus im Tiefen auf der Suche nach der Auflösung seiner Erstarrung ist, selbst wenn dieser Prozess nicht mehr instinktiv und automatisch wie bei Tieren abläuft. Der Therapeut ist ein Begleiter der natürlichen Suche nach Auflösung. Weil der Schock im Körper sitzt, geschieht auch die Auflösung vor allem auf der somatischen Ebene. Dabei ist es im Besonderen wichtig, dass es zu keiner Überforderung kommt. Begibt man sich zu schnell in den Bereich seiner traumatischen Erinnerung, bricht der alte Schrecken wieder auf. Dann zerbröckelt die Stabilität, die inzwischen durch die Abkapselung der alten Erfahrung erreicht wurde. Diese »Retraumatisierung« wird schädlich sein.

Wichtig dabei ist: Für den Prozess braucht es nicht die

Erinnerung an das traumatisierende Ereignis. Manchmal tauchen Erinnerungen auf, manchmal nicht. Es genügt, lediglich den Bewegungen des Körpers zu folgen, der seinen Weg zur Auflösung sucht.

Im natürlichen Prozess der Auflösung geht der Organismus hin und her zwischen einem ressourcenvollen Zustand und dem Zustand der Belastung. Man braucht eine gute Verfassung, dann geht man in die belastende Situation, die einem Angst macht. Wenn es nach einer gewissen Zeit zu viel wird, geht man wieder zurück. Man erholt sich, und irgendwann gibt es wieder genügend Kraft, um sich erneut in den unangenehmen Zustand zu begeben. Solange man nicht überfordert wird, kann man die Gefühle bewusst spüren, ohne sie auszuagieren. Dann ist man ängstlich oder wütend, aber man muss nichts tun. Es genügt, das zu spüren. Dabei zeigen zum Beispiel Zittern, kühle Schauer oder Hitze, dass die bisher gebundene Energie frei wird.

Zwischendurch ist es immer wieder notwendig, sich im Hier und Jetzt zu orientieren. Hat er da wieder aufgetankt, bewegt sich der Klient von allein zurück zum traumatisch Erlebten, diesmal ein Stückchen tiefer. Dieses Hin und Her kann viele Male erforderlich sein, je nachdem, wie belastend das Ereignis war und wie tief es sitzt. Ich habe beispielsweise zwei Stunden und sieben Pendelbewegungen gebraucht, um den genauen Ablauf eines noch glimpflich verlaufenen Unfalls (ein leichter Jochbeinbruch) wieder zu erleben, bei dem ich in der Dunkelheit als Jogger mit einem unbeleuchteten Fahrrad zusammengeprallt war.

Wer dann alte Schocks aufgelöst hat, dem stehen auch in den aktuellen Krisen wieder alle Kräfte zur Verfügung.

Die Krisen der Eltern und was sie mit den Kindern machen

Allerdings sind solche frühen Erfahrungen, wie sie eben geschildert wurden, nicht die einzig mögliche Ursache, warum Krisen so heftig verlaufen und dauerhaft werden. Es gibt Gründe, die noch mehr erstaunen, weil sie mit dem eigenen Dasein nichts mehr zu tun haben.

Bisher haben wir immer nur auf die Krisenursachen im Leben der jeweiligen Betroffenen geschaut. Bei Johannes war es die Scheidung, bei Michael die Arbeitslosigkeit und bei Nicole die Angst vor dem Jobverlust.

Das entspricht unserer Betrachtungsweise im Alltag: Bei der Ursachensuche schauen wir nach den Erfahrungen, die jemand als Kind oder Jugendlicher machte, vielleicht auch noch nach dem Erbgut, das er mitbekommen hat. Da gibt es ein schlimmes Ereignis im Leben, und manche reagieren mit einer besonders langen Krise darauf. Andere bewältigen diese Phase schneller. Bei denen, die stecken bleiben, scheint etwas schlechter zu funktionieren. Was kann das sein?

In einem von Bert Hellinger entwickelten Ansatz zeigen sich noch weitere wichtige (Mit-)Ursachen von Krisen, die sich von den bisher geschilderten Gründen völlig unterscheiden.

Immer wenn eine Krise scheinbar grundlos andauert, ist es sinnvoll, in die Geschichte der Familie zu schauen, um in Erfahrung zu bringen, ob jemand vorher schon einmal ähnliche Erfahrungen gemacht hat. Denn in Familien gibt es Verbindungen mit dem Schicksal anderer Mitglieder über mindestens zwei Generationen.

So macht Johannes sich auf die Suche in der Familiengeschichte, um zu erforschen, ob es jemanden gegeben hat, der vor ihm eine ähnlich schwierige Situation zu bewältigen hatte. Er findet eine ganze Reihe von solchen Erfahrungen. Auch die Ehe seiner Eltern war in die Brüche gegangen, als sein Vater etwa im gleichen Alter wie er jetzt war. Das scheint schon eine genügend starke Parallele zu sein, aber er entdeckt darüber hinaus, dass auch sein Großvater seine Frau im Alter von dreißig Jahren verloren hatte. Sie starb bei der Geburt des letzten Kindes. Der Großvater war sehr betroffen, verlor seine ganze Lebenslust und blieb dann bis zu seinem Tod allein. Johannes mochte diesen Großvater immer sehr.

Die von Hellinger entwickelte Methode der Familienaufstellungen macht anschaulich, wie Kinder Familienschicksalen treu sind, insbesondere dem Unglück. Alle Kinder haben in der Tiefe eine große Liebe und Treue zu ihren Eltern und zu ihrer »Sippe«, ganz gleich, wie glücklich oder unglücklich die Beziehung erlebt wird und wurde. Die Treue zeigt sich darin, dass sie Gefühle und Verhalten von früheren Mitgliedern der Familie übernehmen. Es ist so, als ob ein Kind mit einem ähnlichen Unglück die Verwandten in ihrem Unglück nicht allein lassen will.

Auch Traumata früherer Generationen werden so von den Kindern übernommen. Wer eine solche Verbindung hat, für den wird ein ähnliches Ereignis wie das der Vorfahren schneller zur Überforderung. Wenn also die Eltern im Krieg aus der Heimat vertrieben wurden, dann kann ein nur schwach vergleichbares Vorkommnis im eigenen Leben leicht zum Schock werden.

Ereignisse, die solche Wirkung auf nachfolgende Generationen haben können, sind insbesondere frühe Todesfälle, die schlimmen Erlebnisse im Krieg wie Gefangenschaft und Flucht, aber auch wirtschaftliche Notlagen wie ein Bankrott. Kinder oder Enkelkinder, ja, bisweilen bei besonderen Schicksalen auch Neffen und Nichten, werden davon erreicht.

Wie hilft es nun Johannes, wenn er derartige Parallelen zu Vater und Großvater erkennt? Neu ist für ihn die Entdeckung, dass es da wohl doch ein liebevolles Band zwischen ihm und seinem Vater gibt. Bisher sah er nur die negative Seite der Beziehung. Denn er hat sich nie besonders gut mit ihm vertragen, nach der Scheidung der Eltern noch weniger als vorher.

Die Aufstellungen bilden mit Stellvertretern die jeweilige Familie nach, dadurch bekommt man wertvolle Hinweise auf Verbindungen zwischen den Mitgliedern. Diese Entdeckungen sind auch in Einzelsitzungen möglich. Weiterhin geht es darum, die unbewusste Übernahme von fremdem Leid zu beenden. Die Methode der Aufstellungen erweist sich dabei als sehr wirksam.

Johannes kann so den übernommenen Teil des Schmerzes bei Vater und Großvater lassen. Damit ändert sich nichts an dem Verlust seiner Frau im eigenen Leben; er muss selbst durch diesen Schmerz hindurchgehen. Aber es fällt ihm leichter, wenn er nicht noch zusätzlich die Lasten von Großvater und Vater auf seinen Schultern trägt.

Wer davonkommt, fühlt sich schuldig

Michael und Johannes haben einen Verlust erlitten, den sie verarbeiten müssen. Nicole geht es nach außen hin gut, sie hat weiter ihre Arbeitsstelle und ist bisher davongekommen. Nur zwei ihrer Kolleginnen sind entlassen worden. Hat sie nicht Glück gehabt? Eigentlich doch ein Grund zum Jubeln! Warum ist sie dann nur zwischendurch so niedergeschlagen?

Wer Nicole dumm findet, weil sie sich so wenig freut, weiß wenig von den tieferen Zusammenhängen und Verbindungen, die Menschen haben. Wir sehen meistens nur die Oberfläche. Dort sind wir getrennt, und jeder muss auf sich aufpassen, so gut er kann. Jeder ist sich selbst der Nächste! Jeder muss für sich selbst sorgen und kann deswegen nicht übermäßig großzügig Rücksicht auf die anderen nehmen, die Nachteile erleiden.

Doch ist das nur die eine Seite der Münze. Die andere Seite zeigt sich in Notsituationen wie bei Naturkatastrophen oder im Krieg. Dann kann eine außerordentliche Solidarität unter den Betroffenen wach werden. Ganz spürbar wird die Verbindung, wenn jemand das Gefühl hat, es sei nur ein Zufall gewesen, dass eine Katastrophe nicht ihn, sondern den Nachbarn getroffen hat. Wenn bei einem Busunglück alle sterben und nur einer überlebt, dann mag der Überlebende oft sein unverdientes Glück nicht ganz annehmen. Das ist so ein häufiges Phänomen, dass es in der Traumaforschung schon den festen Ausdruck »Überlebensschuld« dafür gibt. Derjenige, der überlebt hat, fühlt sich schuldig gegenüber den Opfern und leidet mit ihnen. Es ist fast so, als ob jemand für sein Glück büßen will.

Diese »Überlebensschuld« zeigt sich heute auch in Unternehmen, bei denen eine große Anzahl von Mitarbeitern »freigesetzt« wird, wie es so schön heißt. Bei diesen Kündigungen zählen dann nicht mehr das Verdienst und der bisherige Einsatz. Es kommt den Betroffenen eher wie ein blinder Kahlschlag vor, wie ein Orkan der Verwüstung, der unberechenbar an einem vorbeizieht. Am Ende sind viele draußen und manche davongekommen. Die Letzteren, so wie Nicole, können sich ihres – in ihren Augen unverdienten – Glücks nicht wirklich freuen.

Was kann Nicole in ihrer Situation tun? Wer sein Mitgefühl mit denen zulässt, die das Unglück getroffen hat, macht einen ersten wichtigen Schritt. Viele »Überlebende« wehren solche Gefühle ab, indem sie den Kontakt mit den Gekündigten abbrechen, oder versuchen innerlich, ihnen doch die Schuld an ihrer Misere zu geben. Michael hat bis zu seiner eigenen Entlassung so gehandelt. Aber diese Abwehr ändert nichts wirklich an dem deprimierten Grundgefühl. Und was verdrängt wird, zeigt sich nur an anderer Stelle, wo es schwerer zu fassen ist.

Sich das Mitgefühl zu erlauben ist nicht immer leicht. Denn dann wird Nicole deutlich, wie gut es ihr doch noch geht im Vergleich zu ihren Kollegen. Gleichzeitig erkennt sie, dass es keine sinnvolle Lösung ist, wenn sie selbst grundlos leidet und sozusagen für ihr Glück »büßt«. Das Einzige, was dadurch geschehen kann, ist, dass sie selbst ihre Arbeitsstelle verliert und dann mit zu den Verlierern gehört. Das hilft aber denen, die es schon getroffen hat, nicht weiter – und ihr auch nicht. Vielleicht findet sie noch andere Möglichkeiten, um den Betroffenen als Ausgleich für ihr Glück etwas zu geben, sozusagen als ein Geschenk aus Solidarität.

Aber grundsätzlich konfrontiert eine solche Situation uns damit, dass das Leben unberechenbar und nicht gerecht ist. Diese Einsicht fordert uns heraus, eine neue Haltung zu finden – etwas, womit wir uns im letzten Kapitel weiter auseinander setzen.

Die persönliche Krise als Teil der allgemeinen

Manchmal ist die persönliche Krise Teil einer größeren, allgemeinen Krise. Es ist wie eine gemeinsame Energiewelle, die den Einzelnen mit erfasst. Das können Wellen der Euphorie sein wie zum Beispiel beim Boom der Internetaktien. Da verbreitete sich in kurzer Zeit – wider den gesunden Menschenverstand – der Glaube, auf mühelose Art reich werden zu können. Allmählich ergriff diese Vorstellung immer mehr Menschen – bis dann die Realität die ganze Seifenblase zerplatzen ließ. Genau so können sich depressive Stimmungen und Krisengefühle verbreiten.

Auch im kleineren Rahmen spiegelt sich wider, wie wir – ohne es wahrzunehmen – von den kollektiven Strömungen ergriffen werden. Besonders eindrucksvoll deutlich wurde das in einem sozialpsychologischen Forschungsexperiment der Columbia University in New York, das vor einigen Jahrzehnten stattfand. Die Forscher berichten:

> »Wir legten Brieftaschen in einer Straße im südlichen Manhattan so aus, als ob sie verloren worden waren. Wie sich herausstellte, wurde in ungefähr 45 Prozent der Fälle die Brieftasche innerhalb weniger Tage an die darin enthaltene Adresse zurückgeschickt. Unser Experiment lief bereits einige Zeit, und die Rate der ehrlichen

Finder hatte sich statistisch bei etwa 45 Prozent stabilisiert, als etwas Merkwürdiges passierte. Keine der am 4. Juni ›verlorenen‹ Brieftaschen wurde dem ›Besitzer‹ zurückgeschickt.

In der Nacht zuvor hatte ein junger Mann mit Namen Sirhan Sirhan ein Attentat auf Robert Kennedy verübt und ihn getötet. Die Nachrichten im Rundfunk und Fernsehen und die Zeitungen waren voll von diesem Ereignis. Es hatte – wie wir dann feststellten – auch Folgen für unser Experiment gehabt. Welche sozialen Bindungen auch immer bewirkt hatten, dass wenigstens ein Teil der Fundobjekte zurückgegeben wurde, sie waren durch dieses Ereignis zerstört worden. Unsere statistische Gruppe der ehrlichen Finder war demoralisiert worden, sie reagierte unsozial.«[34]

Derartige Entdeckungen über den Zusammenhang von Persönlichem und Kollektivem, die eher zufällig zustande gekommen sind, finde ich bemerkenswert. Meines Wissens sind diese Forschungen nie weiterverfolgt worden. Vielleicht stören solche Erkenntnisse zu sehr die Ideen von unserer Individualität und persönlichen Handlungsfreiheit. Ein Experiment dieser Art entlarvt die Illusion, dass der eigene Verstand und das eigene Verhalten unabhängig von der Umwelt und den Mitmenschen funktionieren.

Die Realität zeigt nämlich ein anderes Bild von uns selbst. Da gibt es große Strömungen und geistige Wellen, die die Individuen ergreifen und mitbestimmen. Diese Wellen sind nicht nur allgemeine Zeitströmungen, sondern zeigen sich auch in einzelnen Völkern unterschiedlich.

[34] Holloway/Hornstein.

»Amerika, du hast es gut!« So könnte ein Stoßseufzer der krisengeplagten Deutschen lauten, wenn sie immer wieder vernehmen, wie rasch die US-Amerikaner Krisenstimmungen und -erfahrungen überwinden. Ein ungeheurer Motor an Optimismus springt stets aufs Neue an und treibt Wirtschaft und Politik voran.

Anders ist dies hierzulande. So stellt Heiko Ernst im Editorial der *Psychologie heute* lakonisch fest: »Das deutsche Leitmotiv im ersten Jahrzehnt des neuen Jahrhunderts heißt: Pleiten, Pech und Pannen. Ein Land ins Misslingen verliebt?«[35] Wie kommt das?

Natürlich hat die Erfahrung des Dritten Reichs und des verlorenen Zweiten Weltkriegs eine ganze Generation geprägt. Immer noch ist dieser Teil der Geschichte sehr präsent in Illustrierten, Büchern, Fernsehserien und Filmen. Nach dem Schock der Niederlage kam die Phase, als die ganze Kraft in den Wiederaufbau und die Schaffung des so genannten deutschen Wirtschaftswunders ging. Die Gräueltaten des Dritten Reichs wurden dabei mehr oder weniger verdrängt, bis die 68er-Generation heftig dagegen zu protestieren und nachzuforschen begann. Aber auch das war nur eine weitere Phase.

Wir sollten überlegen, inwieweit die hartnäckige deutsche Untergangsstimmung und Lähmung (die es ja zwischendurch kurz auch in anderen Ländern gibt) noch eine weitere Phase in der Verarbeitung der Geschichte sind. Denn so, wie es Phasen der individuellen Krise gibt, existieren auch Phasen der kollektiven Krisenbewältigung. Allerdings erstrecken diese sich über einen weit größeren Zeitraum.

[35] *Psychologie heute* 1/2004.

Die nächste logische Frage ist: Kann man einer allgemeinen Krisenstimmung entkommen? Wenn sie jeder Blick, ob in die Tageszeitung, ins Fernsehen, ins Internet, nährt? Wenn so viele Gespräche mit Arbeitskollegen, Freunden und Bekannten sie wieder hervorrufen? Inwieweit ist es dem Einzelnen möglich, sich abzukoppeln von diesen Ängsten, die um ihn herumschwirren?

Mir scheint, dass all die in diesem Buch vermittelten Instrumente wirksam sind, auch wenn die allgemeine Krise jemanden mit ergreift. Allerdings ist es nicht leicht, von ihnen zu profitieren. Denn in solchen Zeiten schwimmt jemand, der sich aufmacht, nicht gemeinsam mit den anderen im Strom, sondern allein in Gegenrichtung. Wenn alle pessimistisch sind und einer optimistisch – das erfordert viel Kraft und ständigen Einsatz.

Auch hier muss man klein anfangen. Die beiden wichtigsten Fragen dabei sind: Wer oder was verstärkt meine Krisenstimmung? Wer oder was tut mir und meinem Optimismus gut?

Da gibt es Menschen, in deren Nähe man sich wohl fühlt, sie stimmen uns optimistisch und heitern uns auf. Andere verbreiten eher eine düstere Stimmung um sich. Bestimmte Gesprächsthemen tun regelmäßig gut, andere stimmen regelmäßig trübe. Besonders die Medien haben einen großen Einfluss. Fernsehen, Internet und Zeitungen geben Themen vor und konfrontieren die Menschen mit der Realität. Wann tun sie der Stimmung gut, wann und wie belasten sie (siehe Kasten)? Wenn Sie eine kurze Bilanz gezogen haben, dann kommt als sinnvoller nächster Schritt eine Abwägung, wie weit man sich darauf einlässt. Denn es ist einsichtig, dass keiner sich ganz abkoppeln kann und will von dem, was um ihn herum geschieht.

Krisenstimmung schwächen oder stärken?

Welche Personen tun Ihnen gut?
Welche Personen verstärken Ihre Krisenstimmung?
Welche Gesprächsthemen tun Ihnen gut?
Welche Gesprächsthemen verstärken Ihre Krisenstimmung?
Wie wirken sich Fernsehen, Internet und Zeitungen auf Ihre Stimmung aus?

Aber es macht einen Unterschied, ob ich blindlings in jede Falle tappe, die meine Krisenstimmung verstärkt, oder ob ich bewusst auswähle und steuere. Sie können selbst am besten einschätzen, wie viel an Negativem Sie in Kauf nehmen wollen und wo Sie in Zukunft anfangen, gegenzusteuern.

Zum Vertiefen

Wenn Sie sich mehr mit der Krisen- und Problemtrance beschäftigen wollen, empfehle ich Ihnen das Buch *Die dunkle Seite des inneren Kindes* von Stephen Wolinsky (siehe Literaturverzeichnis).

Die Hintergründe der körperlichen Traumatisierung lernen Sie in Peter Levines *Trauma-Heilung. Das Erwachen des Tigers. Unsere Fähigkeit, traumatische Erfahrungen zu transformieren* kennen.

Über die Verbindungen mit der Familiengeschichte bekommen Sie eine Fülle von Informationen in meinem Buch *Ohne Wurzeln keine Flügel. Die systemische Therapie von Bert Hellinger.*

Kapitel VIII
Die Krise als Übung in Lebenskunst

Krisen stören und zerstören unsere bisherige Lebenseinstellung. Sie erschüttern unsere Konzepte und unsere scheinbare Sicherheit. Oder positiv ausgedrückt: »Wer scheitert, löst sich vom kognitiven Gefängnis der Vergangenheit.«[36]

Dadurch bieten sie die Chance zu einer neuen Lebenseinstellung, zu einer, die realistischer und lebensnaher ist, weil sie die Erfahrung der Krise mitverarbeitet hat. Die Krise bietet die Gelegenheit, uns in der Kunst der Lebensführung zu üben. Wer viele Talsohlen durchschritten hat, weiß am Ende mehr vom Leben, ist weiser als derjenige, der davon verschont geblieben ist.

Krisen begleiten den Menschen. Deshalb sind wir nicht die Ersten, die sich damit auseinander setzen. Es gibt viele überlieferte Einsichten und Standpunkte, die wertvolle Hinweise geben, welche Wege durch eine Krise hindurch- und wieder aus ihr herausführen.

[36] Hengl.

Die Kraft der Dankbarkeit

Dankbarkeit scheint die Qualität zu sein, die eine grundlegende Umwandlung vieler unserer Einstellungen mit sich bringt. Wer zu mehr Dankbarkeit findet, kommt schneller aus der Krise heraus und findet insgesamt mehr Freude im Leben.

Das Gute daran: Es geht dabei nicht um eine Tugend, die man sich erkämpfen oder in beharrlicher Arbeit mühsam erwerben muss. Es geht um eine einfache, aber essenzielle Änderung unserer Betrachtung. Dankbarkeit hängt auch nicht davon ab, was jemand besitzt und bekommen hat!

Mit der Dankbarkeit richtet sich der Blick einfach auf das, was schon da ist – und dies ist immer eine ganze Menge! So wurden in einer Studie Hurrikanopfer, die ihr gesamtes Hab und Gut verloren hatten, über ihre Gefühle befragt. Einige empfanden Dankbarkeit. Wie das?! Sie schauten nicht so sehr auf den Verlust, sondern sahen auch, dass sie und ihre Kinder ihr Leben hätten verlieren können. Sie waren dankbar für das, was ihnen geblieben war: ihr Leben, ihre Gesundheit, ihre Kinder, die Unterstützung der Nachbarn.[37] Bei den vielen Unglücklichen ist dagegen der Blick auf das gerichtet, was sie nicht haben und was fehlt im Vergleich zu anderen. Damit sind Enttäuschung und Frustration programmiert.

Jeder kann Dankbarkeit einfach in sich finden und spüren. Manchmal braucht es etwas Übung, weil der eigene Blickwinkel geändert werden muss. Auch hier zeigen inte-

[37] Nuber.

ressante Versuche, wie einfach Dankbarkeit im Grunde ist – und wie groß ihre Wirkung.

Bei einem Experiment führten Studenten zehn Wochen lang Tagebuch über ihre Gefühle, ihren Gesundheitszustand und einmal in der Woche über ihr Lebensgefühl insgesamt. Dann gab es drei Untergruppen. Eine wurde gebeten, fünf Ereignisse aufzuschreiben, die sie in der letzten Woche am meisten beschäftigt hatten. Die zweite sollte kleine Ereignisse notieren, bei denen sie Stress empfanden, und die dritte Gruppe fünf Dinge, für die sie in der letzten Woche dankbar waren.

Diese kleinen Unterschiede hatten große Wirkungen. Die Dankbaren waren insgesamt zufriedener mit ihrem Leben und blickten hoffnungsvoller in die Zukunft. Sie hatten weniger körperliche Beschwerden und verbrachten mehr Zeit mit sportlicher Betätigung als die Übrigen.[38] In anderen Versuchen genügten schon zwei Wochen, in denen Tagebuch geführt wurde, wobei die Aufmerksamkeit jeden Tag auf Ereignisse gerichtet wurde, für die jemand dankbar war. Das Glück, die Freude und Lebenszufriedenheit der »Dankbarkeitsgruppe« schossen nach oben.[39]

Eine andere Gruppe überlegte sich täglich, welchen positiven Sinn sie den schlimmsten, besten und scheinbar unwichtigen Ereignissen jedes Tages abgewinnen konnte. Schon nach vier Wochen hatte sich ihre psychische Belastbarkeit im Vergleich zu Kontrollpersonen erhöht.[40]

Dass ein einfaches Tagebuch zu führen, solche tief gehenden Wirkungen haben soll, hat mich zunächst verblüfft.

[38] Ebenda.
[39] Seligman (2), S. 131.
[40] Fredrickson.

Die Experimente machten mich so neugierig, dass ich ebenfalls damit angefangen habe (auch wenn ich manchmal einen Tag auslasse). Ich erlebe es als sehr erfreulich und anregend. Deshalb lege ich es allen stark ans Herz. Probieren Sie es doch einmal aus! Neben dem Durcharbeiten der Katastrophe (siehe Kapitel VI) scheint mir dieses Thema das hilfreichste für jemanden in der Krise zu sein.

Dankbarkeit

Wofür können Sie im Moment dankbar sein?
Was halten Sie davon, sich die nächsten zwei Wochen ein Notizheft zu nehmen oder eine Datei neu zu öffnen und jeden Tag zwei, drei Ereignisse zu notieren, für die Sie dankbar sind?

Robert Emmons, der das Thema »Dankbarkeit« erforscht, hat noch mehr positive Wirkungen dieser Einstellung gefunden. Genau die Fähigkeiten, die in Krisen so wichtig sind, werden gefördert! Die Kraft, negative Ereignisse zu bewältigen, wächst, Depressionen und Stress sinken, und die eigenen Lebensziele werden leichter erreicht. Die Mitmenschen werden eher wahrgenommen und unterstützt, man fördert Freundschaften, ebenso verbessern sich die körperliche und die seelische Gesundheit. Eine Spirale in eine gute Richtung wird in Gang gesetzt. »Je dankbarer wir sind, desto mehr Anlass zur Dankbarkeit haben wir.«[41]

Für alle diejenigen, die vielleicht im Moment noch eifrig, aber umsonst, auf der Suche sind, warum und wofür sie

[41] Nuber.

eigentlich dankbar sein sollten, ein Text, der mich aus dem Internet erreichte:

»Dankbar? – Wofür?
Für

- die Kleidung, die mal wieder zu eng geworden ist, weil es bedeutet, dass ich genug zu essen habe;
- den Teppich, den ich saugen muss, und die Fenster, die geputzt werden müssen, weil es bedeutet, dass ich ein Zuhause habe;
- die vielen Beschwerden, die ich über die Regierung höre, weil es bedeutet, dass wir die Redefreiheit besitzen;
- die Straßenbeleuchtung, die so endlos weit von meinem Parkplatz weg ist, weil es bedeutet, dass ich laufen kann und ein Beförderungsmittel besitze;
- die hohe Heizkostenrechnung, weil es bedeutet, dass ich's warm habe;
- den Partner, der dir jede Nacht die Decke wegzieht, weil es bedeutet, dass er mit keinem anderen unterwegs ist;
- das Kind, das nicht sein Zimmer aufräumt und lieber fernsieht, weil es bedeutet, dass es zu Hause ist und nicht auf der Straße;
- die Steuern, die ich zahlen muss, weil es bedeutet, dass ich eine Beschäftigung habe;
- die riesige Unordnung, die ich nach einer gefeierten Party aufräumen muss, weil es bedeutet, dass ich von Freunden umgeben war;
- den Schatten, der mich bei meiner Arbeit ›verfolgt‹, weil es bedeutet, dass ich mich im Sonnenschein befinde;
- die Frau hinter mir in der Kirche, die so falsch singt, weil es bedeutet, dass ich hören kann;

- den Wäscheberg zum Waschen und Bügeln, weil es bedeutet, dass ich Kleider besitze;
- den Wecker, der mich morgens unsanft aus meinen Träumen reißt, weil es bedeutet, dass ich am Leben bin.«[42]

Und es geht nicht nur um die Gegenwart. Dankbarkeit ist auch für das möglich, was wir in der Vergangenheit bekommen haben – selbst wenn es jetzt fehlt. Denkt Johannes an die vergangene Zeit mit seiner Exfrau Susanne, dann vergleicht er dies mit der Gegenwart, die sich im Moment so leer anfühlt – und er wird deprimiert.

Sehr treffend drückt Rabindranath Tagore aus, wie man auch dankbar sein kann für gute Zeiten, die verflossen sind:

»Leuchtende Tage!
Nicht weinen, dass sie vergangen,
sondern lächeln, dass sie gewesen.«[43]

In meiner Arbeit mit Familienaufstellungen habe ich darüber hinaus die überraschende Entdeckung gemacht, dass die Haltung zum Leben regelmäßig der Haltung gegenüber den eigenen Eltern entspricht. Wer vom Leben frustriert ist, wird auch von den Eltern enttäuscht sein. Wer begierig immer mehr will und erwartet (und es natürlich nicht bekommt), hat die gleiche Haltung gegenüber seinen Eltern.

Wie kommt das? Die Eltern sind das Tor zum Leben, durch sie gelangt das Leben zum Kind. Man kann nicht

[42] Wenn Sie ein paar der Stichwörter zum Beispiel in der Suchmaschine Google eingeben, haben Sie eine Auswahl von zahlreichen Variationen dieses Textes.
[43] Auf diversen Internetseiten.

wirklich dankbar dem Leben gegenüber sein und die Eltern dabei übergehen.

Der Weg, um dankbarer im und gegenüber dem Leben zu sein, ist daher einfach: Wenn wir die Dankbarkeit unseren Eltern gegenüber finden, wächst sie gleichzeitig zum Leben insgesamt. Da dieses Thema, um es erschöpfend zu behandeln, ein eigenes Buch füllt, weise ich hier nur darauf hin.[44]

Wenn wir dankbar sind, werden wir uns immer mehr dessen bewusst, was jetzt gerade ist. Damit kommen wir zum nächsten wichtigen Punkt, der uns von Krisen frei macht.

Wo ist die Krise im Hier und Jetzt?

Je mehr wir im Moment leben, desto mehr verschwindet die Lähmung durch die Krise, während wir gleichzeitig Kraft auftanken für ihre Lösung.

Eine sehr klare Einführung in diese Gedanken bringt John O. Stevens in seinem Buch *Die Kunst der Wahrnehmung*.[45] Stevens teilt darin unser Erleben in drei Zonen der Wahrnehmung auf:

> Wir nehmen entweder die äußere Welt wahr
> oder unsere innere,
> oder wir sind in Gedanken.

Mit der Wahrnehmung der äußeren Welt ist der aktuelle Kontakt mit der Umgebung gemeint. Also das, was ich jetzt

[44] Vgl. Ulsamer (2).
[45] Vgl. Stevens.

gerade sehe, höre, rieche, schmecke oder berühre. Sie, der Leser, sehen zum Beispiel im Moment die Druckerschwärze in Form von Buchstaben auf dem Papier vor sich, und Sie können leise oder laute Geräusche in Ihrer Umgebung vernehmen.

Die Wahrnehmung der inneren Welt bezieht sich auf den aktuellen Kontakt mit gegenwärtigen inneren Vorgängen unseres Körpers. Also das, was ich im Augenblick innerhalb meiner Haut spüre: Stechen, Muskelspannungen und Bewegungen, den körperlichen Niederschlag von Gefühlen und Emotionen, Unbehagen, Wohlgefühl usw. Sie können beim Lesen beispielsweise im Moment Ihre Körperhaltung wahrnehmen und spüren, ob Sie bequem sitzen oder nicht. Oder auch die Füße spüren und den Kontakt der Zehen mit den Schuhen.

Die dritte Zone der Wahrnehmung bezieht sich auf die mentale Welt. Hierzu gehört jede gedankliche Aktivität: Phantasie, Erklären, Vermuten, Interpretieren, Denken, Vergleichen, Planen, alle Vorstellungen, jede Erinnerung an Vergangenes, jede Vorwegnahme der Zukunft und dergleichen. Wenn für Sie aus der Druckerschwärze Buchstaben werden und Worte entstehen, dann gehören diese Worte und die dazu entstehenden Bilder und Sätze zur mentalen Welt.

Dabei ist unsere bewusste Wahrnehmung wie ein Scheinwerfer, der immer nur bei einem Teilbereich bleibt und das andere im dunklen Hintergrund verblassen lässt. Wenn ich Sie bitte, die Aufmerksamkeit auf das Gehör zu richten, nehmen Sie wahrscheinlich nur ein paar voneinander verschiedene Töne und Geräusche wahr …

Und wenn Sie dies tun, werden Sie weniger auf die Empfindungen Ihrer Hände Acht geben …

Bei der Erwähnung der Hände wandert Ihre Aufmerksamkeit wahrscheinlich zu diesen hin …

Nun haben Sie Empfindungen in Ihren Händen, während die Wahrnehmung der Töne verblasst …

Und wenn Sie jetzt einen kurzen Blick um sich werfen, können Sie Farben und Formen wahrnehmen …

Und dabei treten Geräusche und Empfindungen zurück …

Diese »Scheinwerferqualität« der Wahrnehmung ist von fundamentaler Bedeutung. Denn Sie haben die Wahl, welcher Zone Sie Ihre Aufmerksamkeit widmen.

Dabei umfassen die beiden ersten Arten von Wahrnehmungen, die äußere und die innere, alles, was wir von der gegenwärtigen Realität wissen können, so, wie wir sie jetzt gerade erleben. Dies ist der solide Unterbau unserer Erfahrung. Gleichgültig, welche Gedanken wir oder andere Menschen über diese Wahrnehmungen entwickeln – sie sind vorhanden, und keine Diskussion, keine theoretische Betrachtung kann sie nichtexistent machen. Sie sind damit in der Gegenwart. Und wenn Sie in der Gegenwart sind, treten Gedanken zurück, auch die quälenden und belastenden der Krise.

Die dritte Art von Wahrnehmung, die mentale, ist von den anderen beiden ganz verschieden: Sie betrifft die Beschäftigung mit Dingen und Ereignissen, die nicht in der gegenwärtig spielenden Realität existieren. Denn Ihre Gedanken beschäftigen sich entweder mit der Zukunft, mit der Vergangenheit oder mit Orten, die jenseits davon liegen, aber nie direkt mit der Gegenwart. Sie können also Ihr nächstes Projekt planen, sich an das letzte erinnern oder ein Idealhaus in Ihrem Kopf entwerfen. Bei all diesen Gedanken werden Sie nicht in der unmittelbaren Gegenwart sein, also nicht bei dem, was Sie gerade im Moment umgibt. Denn selbst wenn Sie eine Blume anschauen und dabei im Kopf sekundenlang nach dem botanischen Namen suchen, wird die unmittelbare Wahrnehmung in den Hintergrund treten. (Deswegen bezeichnet Wolinsky das auch als »Trance«.)

Nur mit den ersten beiden Arten der Wahrnehmung befinden Sie sich in der Gegenwart! Da Sie aber für eine Krisenstimmung Gedanken brauchen, führt die Gegenwart Sie immer weg von der Krise.

Die Krise im Hier und Jetzt

Denken Sie einen Moment lang an Ihre Krise. Nehmen Sie all die Gedanken wahr, die dabei aufkommen, und die Gefühle, die damit verbunden sind.
Dann richten Sie den Scheinwerfer Ihrer Aufmerksamkeit auf Ihre Sinneswahrnehmungen. Was sehen Sie, wenn Sie um sich schauen?
Was hören Sie, wenn Sie für die Geräusche in Ihrer Umgebung aufmerksam werden?
Was spüren Sie, wenn Sie auf Ihren Körper achten?
Wenn Sie ganz und gar bei diesen Empfindungen im Moment bleiben – wo ist dann Ihre Krise?

Vielleicht mag sich jemand bei der Übung »Die Krise im Hier und Jetzt« (siehe Kasten) denken: »Dadurch, dass ich mich nun davon ablenke, geht meine Krise doch nicht weg! Und außerdem kommen die Gedanken wieder. Ich kann ja nicht immer nur auf meine Sinne achten.«

Das Kennzeichen einer Krise aber sind die Probleme, die

durch unsere Gedanken zu uns kommen. Da gibt es beängstigende Bilder von der möglichen Zukunft. Doch die Zukunft ist eine Vorstellung – sie existiert nicht! So etwas wie ein »Morgen« gibt es nicht! Und so etwas wird es nie geben, denn Zeit findet immer *jetzt* statt. Wer im Moment ist, hat keine Krise. Dazu muss ich an die Zukunft denken. In der unmittelbaren Gegenwart gibt es kein Problem, aber die Kraft zum Handeln!

Eindrücklich zeigte mir das die Schilderung einer Frau, die an einem meiner ersten Seminare teilnahm. Ihr Mann, den sie sehr liebte, kämpfte im Zweiten Weltkrieg als deutscher Soldat. Nach dem ersten langen Einsatz im Krieg kam er für zwei Wochen auf Fronturlaub. Sie erzählte:

> »Ich hatte die ganzen zwei Wochen solche schreckliche Angst, dass ihm etwas passiert, wenn er wieder im Feld ist. Die ganzen vierzehn Tage habe ich uns dadurch trübsinnig gemacht. Dann ist er wieder gegangen – und nach drei Monaten bekomme ich die Nachricht, dass er gefallen ist. Und ich sehe, dass ich unsere letzten gemeinsamen Tage vergeudet habe.«

Es gibt darüber hinaus bestimmte Wechselwirkungen der verschiedenen Arten der Wahrnehmung. Es wurde schon angesprochen: Wenn jemand in Gedanken ist, beeinflusst die Gehirnaktivität ständig seinen körperlichen Zustand. Jedes innere Bild erzeugt eine somatische Entspannung oder Anspannung. Und genauso verändert umgekehrt eine körperliche Entspannung, wie zum Beispiel durch Sport oder mentales Training, stressige Gedanken. Auch quälende Gefühle sind mit bestimmten physischen Empfindungen gekoppelt, und darüber hinaus betätigt man sich dabei gedanklich.

Ganz gleich also, ob quälende Gedanken oder belastende Gefühle in einer Krise vorherrschen, immer liegt also auch eine körperliche Spannung vor. Wenn Sie sich aber mit Ihren Gedanken befassen, blendet der innere Wahrnehmungsscheinwerfer diese Spannung häufig aus.

Sobald Sie den Prozess umkehren wie in der Übung »Körpertechnik« (siehe Kasten), dann finden Sie oft leichter Entspannung, als wenn Sie nach beruhigenden Gedanken für die Krisensituation suchen.

Körpertechnik

Wenn Sie Ihre Stimmung im Moment auf einer Skala von 1 (am Boden zerstört) bis 100 (absolut himmlisch) bewerten – welche Zahl geben Sie sich?

Nehmen Sie sich zwei Minuten Zeit, alle körperlichen Spannungen bis in möglichst viele Einzelheiten ausfindig zu machen. Spüren Sie, wie sich Magen, Brust, Gesicht, Hände usw. anfühlen, und finden Sie genau heraus, wo welche Spannungen sitzen.
Atmen Sie jetzt zunächst in Ihrer Vorstellung zu diesen Spannungen hin, und atmen Sie dann alle Spannungen tief aus – und zwar dreimal.

Wenn Sie Ihre Stimmung erneut auf Ihrer Skala von 1 bis 100 bewerten – welche Zahl geben Sie sich jetzt?

Sinnliche Genüsse, also alles, was zu den ersten beiden Zonen der Wahrnehmung gehört, machen das Leben lebenswert – auch in der Krise. Körper und Sinne sind nämlich die ursprünglichen Elemente, aus denen wir einen Großteil unserer Lebensfreude beziehen.

Dazu die Geschichte von dem alten Zenmeister, der im Sommer spazieren ging. Er kam dabei an einen steilen Abhang, ein Stück Berg brach ab, und er stürzte den Abgrund hinunter. Nach ein paar Meter Fall konnte er sich gerade noch an einer Wurzel festhalten. Er war zu schwach zum Hochklettern und hing dort hilflos. Allmählich löste sich die Wurzel über ihm aus dem Erdreich. Plötzlich entdeckte er direkt vor seiner Nase eine kleine Walderdbeere. Er brachte das Gesicht nach vorn und konnte die Erdbeere mit seinem Mund fassen. Er schloss die Augen und schluckte die Erdbeere. »Oh, wie köstlich«, flüsterte er.

Vermutlich braucht es ein wenig Übung zu dieser Haltung des Zenmeisters. Eine solche Einstellung findet derjenige, der – trotz seiner Krise – die Natur bewundert, begeistert schwimmt, sich schöne Bilder anschaut, gern der Musik lauscht, sich an Weinproben erfreut und das Essen genießt. Denn dazu braucht man seine Sinne. (Dabei sollen natürlich nicht diejenigen vergessen werden, die ein direktes Vergnügen aus der geistigen Beschäftigung ziehen – wie Mathematiker, Philosophen, strategische Denker, Schachspieler und Knobelfreunde. Auch diese Betätigungen sind kostbar.)

Je mehr Sie also jetzt, in diesem Moment, Ihre Sinne schulen und nutzen, desto größere Freude haben Sie in der Gegenwart, und desto mehr Kraft schöpfen Sie für die Zukunft. Nutzen Sie Augen, Ohren, Nase, Zunge und Tastsinn intensiver. Schaffen Sie sich häufiger Situationen, die Ihrem Körper und Ihren Sinnen gut tun: Musik hören, Sport treiben, mit den Kindern spielen. Genuss ist sinnlich!

Eine große Gelegenheit dazu bietet die Natur. So mag jemand der Natur wie Imma von Bodmershof begegnen:

> »Wiesen voll Blumen
> traumerfüllt. Nur der Bach fließt
> und fließt immerfort.
>
> Die Birke leuchtet
> als trüg sie den Mond in sich –
> wie dunkel der Wald.«[46]

Die Natur ist eine gewaltige Quelle der Kraft und Entspannung. Konrad Neuberger erlebte, wie Patienten mit Depressionen auf die Natur und Gartenarbeit reagieren:

> »Gärten machen Leben und Wandel direkt emotional zugänglich. Die meisten Patienten stellen eine Verbindung zwischen sich und den Pflanzen her … Die Orientierung an der Natur, die Rückbesinnung auf das eigene Werden und Wachsen öffnet den Weg zu Normalität und Gesundheit … Pflanzen sind in der Lage herzustellen, was sie zum Überleben brauchen. Sie zeigen, welche Entwicklungen möglich sind: Ausbreitung, Entfaltung, Wachstum und Reife. Sie zeigen aber auch Absterben, Rückzug und Tod.«[47]

Wer zur Erfahrung des Handelns kommen will, hat es in der Natur einfach. Im Garten kann man etwas bewegen und verändern. Das eigene Handeln hat Einfluss und ist

[46] Von Bodmersdorf.
[47] Neuberger.

nützlich. Wer in der Dürre nicht gießt, dem vertrocknen die Pflanzen. Außerdem sind Pflanzen lebendig, und Lebendiges in unserer Umgebung tut uns gut. Zum Anfang reicht schon eine Zimmerpflanze in einem Raum, der sonst unbelebt war. (Und aus eigener Erfahrung weiß ich, dass es für Hydrokulturpflanzen reicht, wenn man sie einmal alle drei oder vier Wochen gießt. Das ist selbst Vergesslichen zumutbar!)

Wie schwierig ist es eigentlich, total ohne jeglichen Gedanken in die Gegenwart zu kommen? Manchmal geht das ganz leicht. Stellen Sie sich einfach vor, Michaels Frau hat ihn zum zwanzigsten Hochzeitstag gezwungen, statt weiterzugrübeln, für zwei Wochen mit ihr zusammen auf Abenteuerurlaub zu gehen. Michael ist also im Amazonasdschungel. Stechmücken umschwirren ihn, ein exotischer Papagei flattert krächzend vorbei, und er grübelt immer noch ein wenig. Da hört er ein lautes, seltsames Knacken, das hinter dem nächsten Baum erklingt, gefolgt von einem Knurren.

In einer solchen Situation sind wir alle voll da, auch Michael. Sekunden zuvor ging ihm noch ein depressiver Gedanke durch den Kopf. Aber in diesem Moment ist er verschwunden. Die Krise ist wie weggeblasen. Es wäre zu gefährlich im Moment. Er ist ganz und gar wach, um im nächsten Moment reagieren zu können.

Diese Wachheit ist der Zustand, den Meditierende durch viel Übung immer mehr in ihrem Leben zu verwirklichen versuchen. Der wachen Aufmerksamkeit nach außen entspricht die gleiche Aufmerksamkeit nach innen. Das Schlüsselwort dafür ist Meditation. Auch hier geht es um reines Wahrnehmen und Beobachten – nur nach innen.

Ein Text von Alan Watts beschreibt dieses Wesen der Meditation:

> »Die Kunst des Meditierens ist eine Art, wie wir mit der Wirklichkeit in Verbindung treten können: Und der Grund des Meditierens ist die Tatsache, dass die Menschen mit der Wirklichkeit nicht in Verbindung stehen. Sie verwechseln die Welt, wie sie an und für sich ist, mit der Welt, über die sie nachdenken, sprechen und die sie beschreiben. Dies sind sehr, sehr nützliche Symbole; unsere ganze Zivilisation beruht auf ihnen. Aber so wie alle guten Dinge haben sie auch ihre Nachteile, und der Nachteil von Symbolen besteht darin, dass wir sie mit der Wirklichkeit verwechseln können, genauso wie wir Geld mit wirklichem Reichtum und unsere Namen, Ideen und die Bilder, die wir von uns haben, mit uns selbst verwechseln können.«[48]

Deswegen fangen heute so viele Menschen an, zu meditieren, weil sie eine Möglichkeit suchen, mehr mit der Welt unmittelbar in Kontakt zu kommen.

Das Kennwort zum eigenen Inneren

Es gibt eine Tür, die den Zugang zum eigenen Inneren, zu den eigenen Wünschen, zu der eigenen Kraft öffnet. Meistens ist sie geschlossen. Gerade die Erschütterungen einer Krise können uns ermuntern, sie zwischendurch zu öffnen.

Das Schlüsselwort ist Spontaneität. Es bedeutet, dass wir

[48] Watts.

aus dem momentanen Impuls heraus handeln und den Ideen und Wünschen, die auftauchen, folgen. Damit kennst du das »Kennwort zum eigenen Inneren«.[49]

Aber folgen wir nicht ohnehin unseren Ideen und Wünschen? Leider fast nie spontan! Wir bewegen uns im Allgemeinen in alten, bewährten und damit eingefahrenen Bahnen. Unsere Handlungen sind vorhersehbar: die gleiche Art aufzustehen und den Tag zu beginnen, der gleiche Weg zur Arbeitsstelle, der gleiche Umgang mit den Aufgaben und Menschen dort, der gleiche Weg zurück, die gleiche Art, den Feierabend zu begehen und den Tag zu beschließen. Das Vertraute ist uns einfach angenehm!

Damit ziehen wir uns gleichzeitig ein Stück aus der sinnlichen Wahrnehmung der Gegenwart zurück. Denn wenn wir etwas zum wiederholen Mal tun, zum Beispiel immer den gleichen Weg zum Arbeitsplatz gehen oder fahren, dann wird das zur Routine. Wir brauchen kaum Aufmerksamkeit für unseren Weg, weil wir alles schon kennen. Das spart Energie, die frei wird für das Denken.

Auch die Regeln, nach denen wir erzogen worden sind und die wir jetzt beherzigen, sind Routine. Etwas zugespitzt formuliert: Charakter spart Energie. Fritz Perls, der Begründer der Gestalttherapie, drückt das so aus:

> »Je mehr Charakter ein Mensch hat, desto weniger Möglichkeiten hat er. Das klingt paradox, aber Charakter hat ein Mensch, der vorhersagbar ist, der nur eine bestimmte Anzahl festgelegter Antworten hat, oder wie T. S. Eliot in ›Die Cocktailparty‹ sagt: ›Du bist nichts weiter als eine Reihe abgegriffener Antworten.‹«[50]

[49] nach einem Aphorismus von Stanislaw Jerzy Lec
[50] Perls, S. 41.

So bauen wir uns den eigenen Käfig, der die Freiheit spontanen Handelns behindert. Wir scheuen das, was jenseits dieser Barrieren liegt. Und wenn wir dennoch einmal unvermittelt Lust zu etwas bekommen, dann schieben wir es sofort wieder zur Seite. Diese Zensur kommt aus dem Bauch – Neues macht Angst.

Die Krise rüttelt an diesem Käfig. Es ist fast so, als ob uns jemand dadurch mit Gewalt vertreiben will. Die alte Routine zerbröckelt. Neues ist möglich. Das ist die Chance, uns selbst mehr zu begegnen.

Routine ist zu Beginn ein Trampelpfad, der vom vielen Begehen zur asphaltierten, öden Straße wird, auf der nicht mehr nach rechts und links geschaut wird. Jeder spontane Impuls bringt etwas Unerwartetes, Neues und Frisches auf den Weg. Der Asphalt bricht auf, und etwas Grünes macht sich den Weg zur Sonne frei.

Spontanes Handeln verbindet uns mit unserer eigenen Natur. Es zieht Energie ab vom Denken. Denn sobald etwas neu ist, können wir unsere ganze Aufmerksamkeit leicht in den Moment bringen.

Wenn wir eben vom Wachsen und Blühen der Pflanzen gesprochen haben, so wachsen diese, weil in ihnen ein innerer Drang oder Antrieb zum Wachsen ist. Es ist sozusagen in den Genen angelegt. Das Wachsen und Blühen ist auch im Menschen angelegt. Es zeigt sich immer dann, wenn der Mensch etwas Spontanes tut. Damit löst er sich ein Stück weit von den Regeln, die sein Leben bisher bestimmt und gleichzeitig eingeengt haben. Er wird lebendiger.

Wer lebendig ist, ist sicher nicht immer nur glücklich, fröhlich und ausgelassen. Schmerz und Trauer gehören auch dazu. Aber sie vergehen wieder in einem natürlichen Fluss.

Wer hingegen in seiner Routine schon ein Stück erstarrt ist, hat sich daran gewöhnt, seine spontanen Impulse zu überhören und zu übersehen. Er tut das automatisch, es ist fest einprogrammiert. Stanislaw Jerzy Lec sagt ganz krass, die meisten Menschen seien »Mörder«: Sie töten einen Menschen – in sich selbst.

Unzufriedenheit, Frust und Niedergeschlagenheit entstehen oft, weil man bestimmte Dinge *nicht* tut. Wie Elke Heidenreich es ausdrückt: »Zu lang aufgeschobene Wünsche brennen nicht mehr, zu tief weggepackte Träume sind von den Motten zerfressen. Aufgeschoben ist eben doch aufgehoben, und was zu lange währt, zerbröselt unter den Händen.«[51]

Wo ist der Weg zurück in mehr Leben? Wie lässt sich die Tür öffnen, die angeblich so nah sein soll? Das Erste ist, spontane Impulse überhaupt wieder wahrzunehmen. Nach innen zu lauschen auf die leise Stimme, die so oft überhört wird.

Eine Frage kann dabei helfen: Wozu hätte ich jetzt eigentlich Lust? Schauen wir uns ein Beispiel aus dem Alltag an: Michael sitzt einmal mehr mutlos auf dem Sofa und blättert in Zeitungen. Plötzlich stutzt er einen Moment, als er eine Anzeige sieht: »Chorleiter sucht Sänger.« Er muss daran denken, wie gern er früher im Schulchor gesungen hat. Einen Moment lang taucht in seinem Hinterkopf der Gedanke auf: »Das wäre schön. Zeit hast du ja genug.« Wer ihn in diesem Moment beobachtete, könnte seine Augen blitzen sehen.

Wie geht es weiter? Jeder von uns trägt eine Reihe

[51] Heidenreich.

von Programmen in sich, die ihn ganz automatisch in alten Mustern festhalten. Neue Impulse und neues Verhalten werden dadurch gestoppt. Meist sind die Programme in Form von Sätzen oder Bildern recht alt. Sie wurden in der Kindheit erlernt. Ich nenne sie einfach einmal die »Stopper«.

So ist es auch bei Michael. Vollautomatisch kommen im nächsten Moment seine Stopper. Er hört seine innere Stimme: »Du bist doch arbeitslos. Das ist ja eher peinlich, wenn du dort aufkreuzt. Außerdem ist deine Stimme schon lang verrostet. Du würdest dich nur lächerlich machen!«

Plopp! Gestoppt!! Die Idee zu singen hatte Michael plötzlich, den Bruchteil einer Sekunde lang, wach und munter gemacht. Aber mit den Gedankenstoppern ist der Impuls zu mehr Lebendigkeit wirksam unterdrückt. Michael lehnt sich frustriert wieder zurück in den Fernsehsessel, macht eine neue Packung Erdnüsse und eine Flasche Bier auf.

Hat er überhaupt keine Chance? Ein Weg, um nicht immer in der vertrauten Passivität zu versinken, ist es, »Anti-Stopper« zu entwickeln. Das sind Sätze, die eine Gegenkraft zu dem Stopper bilden, ihm widersprechen, seine Wirkung aufheben und überwinden.

Wie könnte denn die Situation mit solchen Anti-Stoppern aussehen? Michael sitzt zwei Monate später wieder auf dem Sofa und blättert im Programm der Volkshochschule. Sein Blick fällt auf einen Kurs »Bildhauen lernen«. Einen Augenblick lang kommen Neugier und Interesse. Er hört seine vertraute Bremse: »Doch nicht als Arbeitsloser! Das wird dann peinlich dort. Du hast das auch noch nie gemacht. Du würdest dich nur lächerlich machen!« Und danach ein plötzlicher Widerspruch: »Du musst ja nicht gleich der Größte sein. Hauptsache, es macht Spaß! Arbeitslos sein heißt nicht, dass du ständig leiden musst.«

Michael richtet sich auf. »Ich müsste es einfach mal probieren. Das ist in jedem Fall besser, als immer nur vor der Glotze zu sitzen!« Und er plant, sich morgen für den Kurs anzumelden.

Klingt fast zu schön, um wahr zu sein – vor allem für Michael. Damit er wirklich zur ersten Stunde geht, muss er sich von einer Menge geistigen Ballasts befreien. Denn es gibt ja noch die Nachbarn, Freunde, Bekannten und die ehemaligen Kollegen. Was werden die denn sagen und denken, wenn Michael als Arbeitsloser die Bildhauerei anfängt? Wenn in seinem Garten das erste selbst gemachte Kunstwerk steht? Wird nicht einer voller Empörung die *Bild Zeitung* anrufen, weil es sich wieder ein Sozialschmarotzer auf Kosten der Allgemeinheit gut gehen lässt?

Wenn Michael das Beste aus seiner Arbeitslosigkeit und seiner freien Zeit macht und es irgendwann schafft, es sich gut gehen zu lassen, wird er ringsum auf Neid stoßen. Solange er leidet, kann er zumindest auf Sympathie hoffen. Genießt er die Zeit, die er hat, und füllt er sie mit Tätigkeiten aus, die ihn befriedigen, fangen andere an, sich zu ärgern.

Was kann Michael tun? Wenig. Aus diesem Dilemma kann ihm keiner helfen. Er muss sich entscheiden, ob er mit der Sympathie von Bekannten und Nachbarn leidet oder ob es ihm gut gehen darf – ohne diese Sympathie. Das ist der Preis, den es kostet.

An Krisen wachsen, statt darin unterzugehen

Zum Schluss schließen wir den Kreis. Unsere Rundwanderung ist bald zu Ende.

Wozu sind Krisen nützlich? Jeder hat ein bestimmtes Bild vom Leben. Wie auch immer es aussieht, es kann nur unzureichend sein. Deswegen wird sich im Laufe des Lebens sein Bild verändern, ja verändern müssen, weil er immer wieder der Realität des Lebens und seinen Überraschungen begegnet:

> »Diese plötzliche Verlagerung aller Kräfte in uns, diese Begegnungen mit der Seele geschehen nur nach vielen Krisen; die meisten Künstler vermeiden diese, indem sie sich ablenken, und das ist der Grund, warum sie es nie fertig bringen, zum Zentrum ihrer Produktivität zurückzukehren, von dem sie im Moment ihres reinsten Impulses ausgegangen sind.«[52]

Macht Scheitern also gescheit? Auf diese Frage antwortet Michael Hengl in der *Psychologie heute*:

> »Vorausgesetzt, man lernt daraus. Wer ohne Navigationshilfen bei Nacht und Nebel mit seinem Boot durch Untiefen steuert, kann eine Zeit lang Glück haben. Aber diese Person wird aufgrund ihrer Erfahrungen nur eine Landkarte mit Wasser zeichnen können. Je öfters jemand auf eine Klippe aufgelaufen ist und diese sich einprägen

[52] Rilke.

konnte, desto genauer wird die Landkarte. Wichtig ist also die Frage, wie Menschen das Scheitern verkraften und verarbeiten. Das Lernen aus Fehlern kann nämlich fast komplett verhindert werden, wenn man versucht, die Verantwortung für das Scheitern anderen zuzuweisen oder sich dafür zu rechtfertigen.«[53]

Krisen fordern uns heraus, unser Bild, unser Verständnis vom Leben zu erweitern. Das Gefühl der Sicherheit wird erschüttert. Die Sicherheit war auch vorher nur relativ gewesen, aber der Glaube daran war groß. Wir werden ernüchtert, tauchen aus Illusionen auf.

In Krisen werden wir mit der Nase auf diese Realität gestoßen. Als Johannes und Susanne sich verliebten und heirateten, hatten beide die Gewissheit, immer zusammenbleiben zu wollen. Wie es so schön im Schlager heißt: »Wir wollen niemals auseinander gehen, wir wollen immer zueinander stehen.« Als die Beziehung zerbrach, war das ein Schock.

Gefahr und Risiken gehören mit zum Dasein. Trennung, Verluste und als größer Verlust der Tod sind Teile des Lebens. Das Schwierigste, was es anzunehmen gilt, ist, dass nichts Bestand hat und alles endlich ist. Im Grunde kann jemand sein Leben nur dann voll leben, wenn er dies erkennt. Das sehen heißt den Tod sehen. Denn während man das Leben aufschiebt, so stellte Seneca fest, geht es vorüber.

In seinem Buch *Reise nach Ixtlan* schreibt Carlos Castaneda, dass die Kraft für Entscheidungen kommt, wenn man den Tod immer als Begleiter neben sich weiß und bei einer Entscheidung nach ihm schaut. Sieht man genau hin,

[53] Hengl.

so Castaneda, kann man den Tod als Flimmern an der Seite erkennen.

Krisen sind Anstoß zu Wandel und menschlicher Entwicklung. Sie werden stärker, wenn man sich gegen die Entwicklung wehrt, sie verdrängt, sie abwehrt. Solange wir mit dem Schicksal hadern, weil es in eine andere Richtung stieß, als wir wollten, so lange bleibt Kraft gebunden. Das Leben ist größer als der Einzelne. – Epiktet, ein Philosoph der Antike, drückt das so aus:

> »Verlange nicht, dass alles geschieht, so wie du willst, sondern wolle, dass alles so geschieht, wie es geschieht – und du wirst in Frieden leben.«[54]

Wir müssen nicht einen Sinn in dem finden, was geschieht. Wenn wir aufgeben, das Leben beherrschen zu wollen, kommt Entspannung von allein. Während der Nichtschwimmer, der ins Wasser fällt, so lange verzweifelt um sich schlägt, bis er vor Erschöpfung untergeht, weiß der Schwimmer, dass das Wasser ihn trägt. Es braucht nur wenige Bewegungen, um an der Oberfläche zu bleiben. Das Übrige übernimmt das Wasser, wenn er sich treiben lassen kann. Krisen helfen uns, dass dieses Vertrauen immer stärker zu werden vermag.

Was ich Ihnen zum Abschied wünsche

- Dass Sie bewusst das pflegen, was Ihnen Kraft und Mut gibt – seien es Gedanken oder Handlungen!

[54] Auf diversen Internetseiten.

- Dass Sie Lust bekommen, etwas anzupacken – statt sich zu ärgern oder im Selbstmitleid und der Passivität zu versinken!
- Dass Sie Gesellschaft haben und Gleichgesinnte treffen – statt sich abzukapseln und zu isolieren!
- Dass Sie sich entspannen – statt sich in die Krise zu verbeißen – und so die rechte Mischung finden zwischen Nachgeben und Kämpfen!
- Dass Sie mehr Dankbarkeit empfinden für das, was Sie haben und hatten – statt dauerhaft zu trauern um das, was war!
- Dass Sie immer mehr wach in der Gegenwart leben – statt in den Gedanken von Vergangenheit oder Zukunft!
- Dass Sie sich dem Fluss des Lebens mit Neugier und Beherztheit anvertrauen!

Zum Vertiefen

Viele Anregungen zur hohen Schule der Dankbarkeit und welche Hindernisse dabei zu umgehen sind, finden Sie in dem Buch *Die Kraft der Dankbarkeit* von Gregg Krech (siehe Literaturverzeichnis).

Einen Schatz von Übungen und Anregungen, nicht nur zu den Zonen der Wahrnehmung, bekommen Sie im Buch *Die Kunst der Wahrnehmung* von John O. Stevens – eines meiner Lieblingsbücher.

Wenn Sie nach Anregungen suchen, um das Positive in Ihrem Leben zu stärken, empfehle ich Ihnen zwei spannende Bücher von amerikanischen Wissenschaftlern: *Lebe gut!* von Mihaly Cszikszentmihalyi und *Der Glücks-Faktor* von Martin Seligman.

Dank

Drei Personen haben das Manuskript zu diesem Buch gelesen und mir hilfreiches Feedback gegeben. Ich bedanke mich dafür bei meiner Frau Gabriele und bei meinen Freunden Karin Fehrenbacher und Helmut Broichhagen!

Literaturverzeichnis

Bodmershof, Imma von, *Haiku*, dtv, München 2002

Bollettieri, Nick/Maher, Charles A., *Matchball. Das mentale Erfolgsprogramm von Nick Bollettieri*, BLV, München 1995

Brämer, Rainer, »Zurück zur Natur? Die Wald-und-Wiesen-Therapie«, *Psychologie heute* 4/2003, S. 21 ff.

Cszikszentmihalyi, Mihaly, *Lebe gut! Wie Sie das Beste aus Ihrem Leben machen*, Klett-Cotta, Stuttgart 1999

Damasio, Antonio, *Spiegel*-Interview, *Der Spiegel* 49/2003, S. 200 ff.

Fredrickson, Barbara L., »Die Macht der guten Gefühle«, *Gehirn und Geist* 6/2003, S. 39 ff.

Freeman, Arthur/DeWolf, Rose, *Die 10 dümmsten Fehler kluger Leute. Wie man klassischen Denkfallen entgeht*, Piper, München, Zürich, Sonderausgabe 2002

Grün, Anselm/Robben, Ramona, *Gescheitert? Deine Chance! Wenn Lebensentwürfe zerbrechen*, Vier-Türme-Verlag, Münsterschwarzach, 2. überarb. Aufl. 2003

Heidenreich, Elke, »Jetzt leben. Trotz aller Zwänge. Schafft man das?«, *Brigitte* 24/2002

Hengl, Michael, »›Wer scheitert, löst sich vom kognitiven Gefängnis der Vergangenheit.‹ Ein Gespräch mit dem Organisationsberater Michael Hengl über den Zusam-

menhang zwischen Scheitern und Erfolg«, *Psychologie heute* 1/2004, S. 26f.
Holloway, Stephen M./Hornstein, Harvey A., »Gute Nachrichten, gute Menschen«, *Psychologie heute* 3/1977, S. 34ff.
Hunfeld, Frauke, »... dass die mit der Stelle verbundenen Tätigkeiten nicht Ihren weitreichenden Fähigkeiten entsprechen würden, wir Ihnen andererseits aber keine Möglichkeit einer Weiterentwicklung in unserem Haus bieten können«, *Stern* 51/2003, S. 99ff.
Kast, Verena, *Lebenskrisen werden Lebenschancen. Wendepunkte des Lebens aktiv gestalten*, Herder, Freiburg im Breisgau 2000
Klein, Stephan, *Die Glücksformel oder Wie die guten Gefühle entstehen*, Rowohlt, Reinbek bei Hamburg 2002
Kolk, Bessel A. van der/McFarlane, Alexander C./Welsaeth, Lars (Hrsg.), *Traumatic Stress. Grundlagen und Behandlungsansätze. Theorie, Praxis und Forschung zu posttraumatischem Stress sowie Traumatherapie*, Junfermann, Paderborn 2000
Krech, Gregg, *Die Kraft der Dankbarkeit. Die spirituelle Praxis des Naikan im Alltag*, Theseus, Berlin 2003
Kübler-Ross, Elisabeth, *Interviews mit Sterbenden*, Knaur, München 2001
Lazarus, Arnold/Fay, Allen, *Ich kann, wenn ich will. Anleitung zur psychologischen Selbsthilfe*, dtv, München 1985
Levine, Peter, *Trauma-Heilung. Das Erwachen des Tigers. Unsere Fähigkeit, traumatische Erfahrungen zu transformieren*, Synthesis, Essen 1998
Loehr (1), James E., *Persönliche Bestform durch Mental-Training für Sport, Beruf und Ausbildung*, BLV, München 1988

Loehr (2), James E., *Tennis im Kopf. Der mentale Weg zum Erfolg*, BLV, München 1991

Loehr (3), James E., *Die neue mentale Stärke. Sportliche Bestleistung durch mentale, emotionale und physische Konditionierung*, BLV, München 1996

Mücke, Klaus, *Wo aber Gefahr ist, wächst das Rettende auch: psychoaktive Sinnsprüche für alle Lebenslagen; ein systemisches Geschenkbuch*, Mücke Ökosysteme, Potsdam 2002

Müller, Wunibald, *Dein Herz lebe auf. Hilfen aus der Depression*, Vier-Türme-Verlag, Münsterschwarzach, 2. überarb. Aufl. 2002

Münchhausen, Marco von, *So zähmen Sie Ihren inneren Schweinehund! Vom ärgsten Feind zum besten Freund*, Campus, Frankfurt 2002

Neuberger, Konrad, »Der Garten als Ort des symbolischen Handelns«, Interview, *Psychologie heute* 4/2003, S. 32

Nuber, Ursula, »Dankbarkeit, der Schlüssel zur Zufriedenheit«, *Psychologie heute* 11/2003, S. 20ff.

Perls, Fritz, *Gestalt-Therapie in Aktion*, Klett-Cotta, Stuttgart 1974

Prior, Manfred, *MiniMax-Interventionen. 15 minimale Interventionen mit maximaler Wirkung*, Carl-Auer-Systeme, Heidelberg, 2. korr. Aufl. 2002

Reinhardt, Susie, »Geselligkeit schützt vor Erkältung«, *Psychologie heute* 1/2004, S. 10

Richardson, Cheryl, *It's your life. Nehmen Sie sich Zeit für das Leben, das Sie wirklich wollen*, mvg, München 2002

Rilke, Rainer Maria, *Briefe an einen jungen Dichter*, Insel, Frankfurt 2000 (Leipzig 1929)

Seligman (1), Martin, *Pessimisten küsst man nicht. Optimismus kann man lernen*, Knaur, München 1993

Seligman (2), Martin, *Der Glücks-Faktor. Warum Optimisten länger leben*, Ehrenwirth, Bergisch Gladbach 2003

Seneca, *Vom glückseligen Leben*, Alfred Kröner Verlag, Stuttgart, 14. Aufl. 1987

Shazer, Steve de, *Wege der erfolgreichen Kurztherapie*, Klett-Cotta, Stuttgart 1995

Sonnenmoser, Marion, »Todkrank – und guter Dinge«, *Psychologie heute* 12/2003

Sparrer, Insa, *Wunder, Lösung und System. Lösungsfokussierte Systemische Strukturaufstellungen für Therapie und Organisationsberatung*, Carl-Auer-Systeme, Heidelberg 2001

Stevens, John O., *Die Kunst der Wahrnehmung, Übungen zur Gestalttherapie*, Chr. Kaiser Gütersloher Verlagshaus, Gütersloh, 14. Aufl. 1995

Trenkle, Bernhard, *Das Aha!-Handbuch der Aphorismen und Sprüche für Therapie, Beratung und Hängematte*, Carl-Auer-Systeme, Heidelberg 2004

Ulsamer, Bertold (1), *Erfolgstraining für Manager. Ihr Mentalkurs zur Spitzenleistung*, Düsseldorf 1992 – neu herausgegeben unter: *Erfolgstraining – nicht nur für Manager. Mit NLP und Mentalem Training zu innerer Zufriedenheit und beruflichem Erfolg*, Books on Demand, 2004

Ulsamer, Bertold (2), *Ohne Wurzeln keine Flügel. Die systemische Therapie von Bert Hellinger*, Goldmann, München 1999

Unterholzer, Carmen, »Grünes für die Psyche«, *Psychologie heute* 4/2003, S. 30ff.

Watts, Alan, *Meditation*, Goldmann, München 1985

Wolfersdorf, Manfred, »Über 60 Prozent aller Depressionen entstehen aus unverarbeiteter Trauer«, *Psychologie heute* 1/2004, S. 68f.

Wolinsky, Stephen, *Die dunkle Seite des inneren Kindes. Der nächste Schritt in der Quantenpsychologie*, Lüchow, Freiburg 1995

Sie erreichen den Autor:
Dr. Bertold Ulsamer
Runzstr. 48
79102 Freiburg
Fax 0761 706456
E-Mail: bertold.ulsamer@t-online.de
www.ulsamer-topcoaching.de

Wie kann die Beziehung funktionieren?

Bertold Ulsamer
Spielregeln für Paare

ISBN 3-442-21636-2

Die Ursachen für Probleme in der Partnerschaft sind oft weit zurückreichende familiäre Bindungen und Identifikationen. Bertold Ulsamer durchleuchtet die unbewusst übernommenen Ordnungen und zeigt Lösungswege auf. Die Leser werden in die Lage versetzt, die Hintergründe eigener Schwierigkeiten zu erkennen, Trennungen zu meistern und in Beziehungskrisen zu wachsen.

ARKANA
GOLDMANN

ArkanA
GOLDMANN

Familien-Stellen nach Bert Hellinger

Bert Hellinger
Zweierlei Glück 21630

Bertold Ulsamer, Das Handwerk des Familien-Stellens 14197

Bertold Ulsamer,
Ohne Wurzeln keine Flügel 14166

Bertold & Gabriele Ulsamer
Spielregeln für Paare 21636
(Erscheint im April 2003)

Goldmann • Der Taschenbuch-Verlag

ARKANA
GOLDMANN

Selbsterfahrung und Selbstbefreiung

Debbie Ford
Das Geheimnis des Schattens 21651

Wayne Dyer, Spirituelle Antworten auf alle Probleme 21652

Debbie Ford, Die dunkle Seite der Lichtjäger 14167

Eli Jaxon-Bear
Das spirituelle Enneagramm 21650

Goldmann • Der Taschenbuch-Verlag